東海発 バカルト紀行

大竹敏之（文）
温泉太郎（マンガ）

風媒社

単行本化にあたり
編集担当Rさん
せっかくだから新ネタ入れたいですね！
おお
うおー
温泉太郎
大竹敏之
じゃ今までいろいろ問題があってボツになってた場所に行こーかなぁ
うおおお
するとついにあそこに！
まずは大内山脇動物園だな！
荒れ放題で住民の反対運動もおこったというウワサの場所である…
行きたくても関係者からストップがかかっていたいわくつきのところだ
さっそく三重県へGO！
あ、今なんかあったよ
看板があった!!
動物園入口
なかなか強烈な手作り感
あーこんにちは
すみませ～ん
いらっしゃい
さらに奥へと進むとなにやら動物園らしいものが
出むかえてくれたのは脇さんとその奥さんだった
うわっ
いきなりトラの紹介をはじめたかと思うと
なんとトラとチューをしたり！
クマと遊びはじめた脇さん…みてる方はハラハラ！
クマはグワーとかほえてるけど大丈夫なのか？
園内の様子はというと
キャー
サル山
キャー
ラマ
ギャウー
ガオー
ギャー
ギャー
グワー
ゾウガメ
動物園というより動物のオリにかこまれた民家がある
という感じでなにやらサティアンみたいな雰囲気

大内山脇動物園

大内山脇動物園の〝脇〟は脇さんの脇。大内山村の脇にあるという意味ではない。ここは世にも珍しい個人経営の動物園だ。連載誌の『じゃらん』では、担当編集者に「動物虐待の噂があるんでダメです」と拒否され、地元の観光課にも「確かにそういう苦情は寄せられています…」と口を濁され、取材できずじまいだったといういわくつきだ。

山のふもとのどんづまりに、問題の地は忽然と現れる。人里離れた山奥に鉄の檻が立ち並び、動物たちの咆哮が飛び交う様はまるでサティアン。しかも、いきなり目に飛び込んでくるのはにょきにょきと長い首を伸ばしているラマ！　アンデス原産のラクダの仲間でリヤマとも言う。ってそんな解説いりませんか。でも、とにかくラマがいるのだ。し

ポニーもお気に入りのようで、脇さんがくるとみんな馬がよってくる
このあたりまではほほえましいのだが……
なんせ場内は手がいきとどかないらしくぐちゃぐちゃにエサがつまれてたりして
おせいじにもキレイとは言いにくい環境だ。ウサギは逃げてそこら中を走り回ってるし、イノブタも逃げ出してブーブエサをあさってるありさま…
放し飼い状態
チョロ
チョロ
ウサギ
コケー
ニワトリ
夫婦で運営してるんだからしかたがないけど、逃げ出したイノブタを2人でオリに入れようとする姿を見てるとやっぱ人手が足りないのでは?と思ったりしちゃって……
脇さん
オラ
オラ
奥さん
ブヒー
ブヒー
オリに追いつめようとしている
しかしさまざまな動物がいる。ラマなんてこんな近くで見るの初めて
とにかく動物だらけだ
ひいいいい
しかも死んだ動物たちのドクロまで保管されているのだ
びっしり!
動物のオリにとりかこまれるようにして暮らしている脇さんの自宅でじっくりお話をうかがった
お金をためて自転車を買ってそれでものを運んでたりしてたんだけど23歳で結婚してそれから運送業をはじめたんだな……
で、38歳のときにココを作ったんだな……
みかん
コタツ
ぞうが2頭いたときもあったな
食らう分は計算してたけどウンコの量は計算してなかったなあ
わははは
もりもり
ぞうのウンコってどんな量?
サーカスのトラをもらってきたそうだ
使いごこちのいい学習デスク
飼っていたトラがCMに出演したこともあったとか
↑当時の広告
なかなかスゴイ写真だ!
ケガもしたとか
手はキズだらけだ
ライオンにやられて手を25針ぬったな自分でぬったけどなぁ
とにかく話をきいてるとドギモをぬくエピソードばかり。
ただ言えるのは、この人は本当に動物が好きなんだなということだ
ほえー

かもいっぱい。

他にもライオンはいるわトラはいるわ、ピューマ、ヒグマ、チンパンジー、ゾウガメ、ハクビシンなどなど…。かつてはゾウやバイソンまでいたんだとか。さらにここで死んだ動物たちのドクロまでびっしり並んでいる。ひょえ〜。

園長の脇正雄さん（68歳）は根っからの動物好きで、運転手などをしながらハク製を作っては資金を貯め、昭和48年、38歳でついに念願の個人動物園を開設。動物たちは他の園に卸している業者から格安で分けてもらったり、サーカス団から譲ってもらったりしたとか。「トラやライオンは他に買い手もいないから"2万でいいわ"と売ってくれたもんだ」ってホンマかいな？

最盛期の20年ほど前はここで千匹も飼育してたという。今はずい分減ってしまったが、それでも400匹以上。エサはスーパーで残飯を分けても

そういえば‥‥
ウシガエルはムカデの大きいのを3匹くらい食わせると冬をこすんじゃ。そやって飼っとった
最初のきっかけはウシガエルだったの—!
ゲロゲーロ
ポケットに入るものはヘビ、トカゲ、カニ、なんでも入れて飼ってたなあ‥‥
中学のころ
おかげで友だちはできなんだなあ‥‥
それいらい、いろんなものを飼った。ツキノワグマを飼ったときは小さなホグマで背中にダニとかついておびえてたのをだかえてふところに入れて心臓の音を聞かせたんや。心臓の音がすると動物はおちつくんやなあ
よしよし
ドクドク
親がわりになって介抱してやったよ
でもクマは3年たつと親ばなれの時期になって危険なんや‥‥
ま、そのクマは30年飼っとったかなあ‥‥
ガウー
ものは死んでいくまで飼うたなあ。死ぬと小学生のときはじめてリスのはく製をつくったんや‥‥それからははく製も作っとったなあ
さすがにぞうははく製によーせんからてここらへんに埋めといたがの—、ユンボ使って‥‥
ワハハハ
ここのどこかにぞうが埋まってる‥‥? 一体どんなになってるんだろう今ごろは‥‥
白骨化したぞう
ひぃぃ
脇さんは決して動物を虐待したりしてるつもりはない。
むしろ愛情いっぱいで育てているのだが、とにかくなんでも飼ってしまうというその物欲ならぬ、飼育欲が人よりスゴイのである。だから周りの人から見るとちょっと変ってるように見えてしまうのかもしれない‥‥
脇さんに相手をしてもらって動物たちはまあそれなりにこの動物園の生活を楽しんでいる
ような気もしたのだが‥‥
ま、これからもがんばってほしい脇さんである

らったりしているが、月20万円はかかるという。どう見たって大赤字。それにつけても老夫婦2人で400匹の動物の世話をする大変さを考えると、園内が一部ゴミ屋敷状態と化してるのもいたし方あるまいと思えてくる。虐待云々の噂も、この荒れっぷりに面食らった人からのクレームが発端だったんじゃなかろうか。確かに引いちゃう気持ちもわかるが、園長と直接話せば印象はまた大きく変わるハズだ。

ムツゴロウになれなかった男・脇さん。でも、ムツゴロウを嫌いな人は日本中にいっぱいいるぞ!

三重県度会郡大内山村
TEL0598・7・2・2447
9時〜16時30分、不定休
大人300円、小人200円

さて次の場所へとスタート
取材拒否を受けたR美術館とその横にあるD寺である
ーグラ〜
ダメだ
着くなり
巨大な石像が建物の前にドカーンとつっ立っている
異様な空間だ…
私
入り口にはツタンカーメンのレプリカが
バーン
とあってまずなにがなにやらわけがわか〜らない…
館内はローマの石像やらどこかで見たことのある美術品のレプリカがびっしり並んでいて
ムキ
ムキ
私のデッサンの力ゼロ…
↑ミュロン作
円盤投ゲ像
年代も国もバラバラにならんでるもんだから見てる方の頭はかなりブッ飛ぶのだ…
ズラ〜
とえらい人たち
ガチョウを抱く子供
BC1100年頃
ボエノース
87年にはルーブル美術館会長らしい人物が来館して、なにやらオープニングセレモニーが行われてるらしい
テープカットの写真があった
あの有名なロゼッタストーンもあった(レプリカ)
ヒエログラフ神聖文字
デモテック民衆文字
ギリシア文字
文字を解読するのに役立ったのであーる
BC1906 高さ95cm
1799年エジプト ナイル川のロゼッタでナポレオンのエジプト遠征軍が発見…
だそうです
なぜか仏像もいっぱい置いてある
ホールの中心にはブロンズの巨大仏像が！
私
ヒィ〜
オデコには20カラットのダイヤがあるっておばさんがいってた

R美術館&D寺

M県のR美術館&D寺は何度も取材を申し込んだが拒否されたスポット。過去に某誌にマンガで茶化されたのがいたくお気に召さなかったらしい。「マジメな信者さんのための場所ですから」との理由で断られたんだが、宗教法人はもちろん信者だけのものではございません。最近紹介されてたテレビでは「仏様の周りに猫のオーケストラの人形とかがあるのはお子様にもわかりやすいようにとの配慮です」とおっしゃってた。私どももお子様にもわかりやすいよう、マンガ描いております。

R美術館もD寺の運営で、パリの超有名美術館の作品の公認レプリカを一堂に集めた世界で唯一の施設というフレコミ。だが、復刻品が見どころのハズなのに、どう見ても主役は2階までブチ抜きのバ

美術館と寺の間には約120体ものカエルのおきものがあってこれまた異様な光景
いろんなポーズのカエル
いちおう交通安全、商売繁昌などの意味があるそう
しかし…意味不明だ
いよいよ寺の方へと近づくと「恵比寿天純金大黒天」の看板が！なにやらあやしげな部屋へと入ると
時価5億円という
純金の恵比寿天と大黒天がすわってた
ありがたや〜
いちおうさわっとこ
その奥は百観音霊場となっていて、なにやら宗教色強すぎてよくわかりませんでした
アハハハハ
施設内にはガン封じの神獣の巨大な像や……
なんといっても圧巻なのは高さ33メートルの観音様！
ま、バブル期にできた特種スポットとでもいいましょうか、かなりディープな場所でありました
ムムム〜
そしてわれわれ取材班は滋賀県でひとつの看板に目をひかれたのだった
河内の風穴
こっち
穴だー！
ギューン
「穴」好きのわれわれはさっそくコースを変更して風穴へ向かった
細い道をクネクネ入っていくとやがて入口が見えてきた
河内の風穴
入口
風穴への入り口には小屋があって管理人のおばさんがやさしそうにほほえんでいた
いらっしゃ〜い
しかしそこからかすごい山道。と中、野生の猿がキャーキャーさわいでいるなかを進み穴へ
穴の入り口はせまそうだが…
ところが中へ入ると
こんなに広い空間があるとはびっくりギョーテン
びっくりするほど広いスペースがあって、ド迫力
広いよ〜!!

カデカい大仏像。おフランスのアート、かすみまくり。いいのか？　本家のR美術館。D寺の豪快無比のゴージャスさにも頭がクラクラ。フラッシュバックするのは我が青春のバブル時代！　高さン十mの金ピカ観音はじめ巨大彫刻がゴロゴロ。売店のおばちゃんの執拗なセールスも功徳は金で買えると言ってるかのようだ。僕らにも拝観料2000円分（美術館込み）のご利益はあるのかも。経費だけど。

M県某所

河内の風穴

河内の風穴は小ネタ。『じゃらん』で1ページはもたないかなと思って今回行きました。穴好きにはたまりません。

滋賀県多賀町河内
TEL0749・48・0552
10時〜16時（夏は9時〜17時）、悪天候時休　大人300円

というわけで最終目的地S山遊園へと向かう
国道沿いの広大な土地に五重塔や金閣寺などがバンバンそそり立つ異空間だ
金閣寺？
見晴らし台？
五重塔？
城？
ドアあいてる
すぐそこを国道が走ってる
ほとんど廃墟みたいになっているが、お入り下さいとあるので勝手に入っていく
とかつては城だったような建築物はあるものの草木はボウボウで完全に荒れ放題…
自由にお入り下さい
遊歩道の階段もボロボロなのでこわい…
ひぃぃぃぃ
いちおう石田三成に関係したものらしいが…
石田三成についての絵巻物風の壁画もくちはてていた…
歩き回ってると、どうやらここのあるじらしいおじいさんがいたので取材してみたが
70代くらい
こんにちは
やば！
なんだあんたら！取材はうけません!! コレはすべて遊びです!!!
と言ったきり、工事作業(ひとりだけでやってる)に入り込んでしまった……
にげろー
でも、しょうらいは美術館にする…とは言ってたけど…
まー趣味ですわ、この人の
というわけで。
特別書き下ろし…終わり…

S山遊園

山の中腹に城郭、五重塔、金閣寺（のパチもん）が無造作に建ち並ぶS山遊園。石田三成の居城・S城を再現し、かつては有料だったらしいが今は勝手に入れる。城内は荒れ果てほぼ廃墟。三成の一生を描いた絵巻も無残に打ち捨てられ、その悲運の生涯を象徴してるかのようで涙を誘う。

建造物はかなりリッパだが、何とこれは三成信者のじいちゃんが自腹かつ自力で築き上げたもの。現在も新しい建物をせっせと作り続けている。まず朽ちかけた城の手入れをしたらどうかと思うが、歴史に傾倒する反面、自らの過去は振り返らない性格らしい。でも、金閣寺は三成と何か関係があるのだろうか？　じいちゃんの執念は天国の三成に届いているのだろうか？

滋賀県某所

バカルト紀行

CONTENTS

えっ？桃太郎は愛知県出身！

桃太郎神社（愛知県犬山市）

日本で最もポピュラーなおとぎ話、「桃太郎」。国民的ヒーローだけあって、自称〝桃太郎ゆかりの地〟は、そりゃもう、犬が歩けば当たるってくらいある。岡山県の吉備津神社の他にも、香川県高松の桃太郎神社、福井県敦賀の気比神社などなど…。

そのうちのひとつが、日本ライン下りで有名な木曽川沿いにある犬山市の桃太郎神社。桃太郎研究家の小久保桃江さんによると（※4）「桃太郎神社を正式名称とするのは全国でもここだけなのです！」とのこと。神社本庁からこの名を使ってよいと唯一お墨付きをもらってるんだそうだ。

しかも、全国のゆかりの地が一堂に会する桃太郎サミット第2回大会（平成11年）では、吉備津神社をさしおいて栄えある開催地に（ちなみに平成8年の第1回会場は東京）。業界内（？）ではまさに吉備のライバル筆頭格と目されているのである！

そんな由緒ある地でありながら、境内にはミョ～な表情の桃太郎の実物大人形がそこかしこに立ってるわ、鳥居が桃の形だわ、宝物館ではどう見ても単なる石にしか見えない「鬼の珍宝」などうさん臭いお宝を堂々と展示してるわ、周辺の地名をかたっぱしから桃太郎のストーリーにこじつけるわで、見れば見るほど伝説の信憑性に疑問がわいてくる。だが、その堂々たるB級路線がかえってすがすがしくもある。

とりあえずはチンチン丸出しの桃太郎と一緒にバンザイポーズの記念写真を撮るのが、ここでのお決まりパターン。これをせずにはいられない人なら、この神社を十分に楽しめるハズだ！

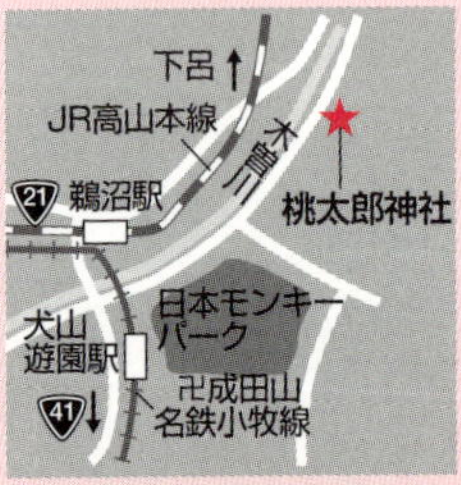

・愛知県犬山市来栖古屋敷
TEL0568・61・1586
・宝物館　大人200円
　　　　　小人100円
・名鉄犬山線犬山遊園駅から徒歩で30分

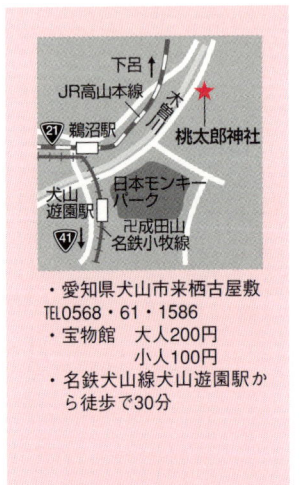

バカバカしい東海のスポットへ…
行くぜ!
あのさ 桃太郎って愛知県出身だって知ってた？
もも太ろう
岡山とかじゃなかったの？それ
※1
ここというわけで犬山市の桃太郎神社にやってきた
入り口のフリチン桃太郎が目印！
絶好の写真スポット！
イエー！
上が神社
まわりは公園になってる
なんといってもスゴイのは、約20体ある実物大の人形たち…
※2
切ない表情がいいよね
ブキミ
青フンドシ
桃太郎
わははは
背中へどうぞ
鬼
私がご案内しましょう
ズン
すごくまじめそうな宮司さん
それによると
可児川
木曽川
桃山
キジヶ棚
サル洞
古屋敷
桃太郎神社
犬山
犬山橋
坂祝
取組
勝山
宝積寺
桃太郎神社のまわりには、昔話にまつわる地名がすべてそろっているんですよ!!
だから発祥の地
きっぱり
なるほど
その場のみなっとく
桃の化石
鬼のガイコツ
鬼のミイラ
※3
しかし…不思議なお宝がいっぱいだった旧宝物館は平成8年の火事で焼失
(上の3つは写真のみ)
化石は丈夫だと思ったけど粉々になって
しゅん

焼け残ったお宝が新しい宝物館に置いてあった
鬼の金棒♪
どう見ても新しい
犬がかみ切った
珍宝の化石
トホホ
化石って…
神社の地図だと
木曽川
可児川
鬼ヶ島
鬼ヶ島は可児川にある島になってる
パンフにものってる
ちょいまち
そりゃ行ってみなきゃ!
神社
車で約20分……
かんがわ
可児川
陸橋
帰るか
ドーン
岩山
川
大発見じゃん!
これが鬼ヶ島だってさ

採点表

人形度★★

超常度★★

宮司さんマジメ度★★★

※1　キビ団子の特産地でもある吉備（岡山県と広島県の一部を指す）がふるさと、というのが通説だが、「いや、ここだ」と言い張る町が全国に30カ所ほどもある。桃太郎サミットはこれらの町々が集まって開かれる。

※2　作者は浅野祥雲という名古屋のアマチュア人形師。他にも関ヶ原ウオーランド、五色園（愛知県日進市）、熱海城など各地で数え切れないほどの等身大人形を作成。明治24〜昭和53年。享年87歳。

※3　現在の施設はその後新築したもの。かつては、ひっくり返した牛の頭蓋骨そっくりの「鬼の頭蓋骨」や、石そっくりの「桃太郎が生まれた桃の化石」など、ツッコミ放題のナイスなお宝が他にもたくさんあった。

※4　小久保桃江さん。東京都在住。平成２年に「日本桃太郎の会」を設立して会長におさまり、平成10年に自宅内に「桃太郎資料館」を開設して館長におさまる。二、三質問するためにお電話したら、延々30分くらい桃太郎の講義をしてくださった。平成16年で100歳に！

サイケな貝ワールドと激シブ水族館へ

蒲郡ファンタジー館＆竹島水族館（愛知県蒲郡市）

三河きってのマリンスポット・蒲郡。海辺の小高い丘を見上げれば蒲郡プリンスホテル、橋を渡れば竹島と、オシャレなムードも満点だ。

その一画にあるのが「蒲郡ファンタジー館」。カルトスポット愛好者の間で言うところの、いわゆる〝貝がら系〟観光施設である（※3）。

花も船も竜宮城も通路もトロピカルなおねえちゃんも、何から何まで貝でおおい尽くされた、ある意味サイケデリックな世界。そして、その貝の数たるや実に500万個！　膨大な貝がらを壁や人形にひたすらぺたぺたと貼りつけ続ける作業風景が頭に浮かんできて、くらくらしてしまう。

何せ入口横のチューリップ（使用貝がら数456個＝推定）を花壇に差し込むだけで大人3人で3日もかかったとか。後は推して知るべし。さぞや砂をかむような…もといファンタジックな創作作業だったに違いない。

一方、竹島水族館。進駐軍払い下げの別荘のプールをクジラ用水槽にして飼育展示したのが始まりというシブすぎる誕生秘話を持っている（※4）。現在の展示内容もこれまたいぶし銀のようなシブさがにじみ出ている。

90年代ブーム時に新設された水族館に比べるとどうにも地味で貧相なのだが、グロい魚やエグい標本の数々が水族館通のハートをくすぐってやまないのだ。

ガマプリでお茶して、竹島に架かる橋から夕陽を見つめる…。その間に怒濤の貝がらワールドと、超レトロな水族館を見る。こんな落差のあるデートってかなりドキドキできると思うのだが、どう？

蒲郡ファンタジー館
- 愛知県蒲郡市竹島町28-14
- TEL0533・68・1101
- ９時～16時　無休
- 大人700円、小人400円

竹島水族館
- 愛知県蒲郡市竹島町1-6
- TEL0533・68・2059
- ９時～17時　火曜休
- 大人500円、小人200円
- JR東海道本線蒲郡駅から徒歩15分

まずは蒲郡ファンタジー館へ
おれ初めて入る
三重県人
貝の女
秘宝館的なテイストを感じる…
なんか…
三重県人
CMでおなじみ竜宮城のコーナー
くるくる
2Fにはレストラン
ムードあるのにテーブルにしょう油が置いてあったり
なんか庶民的
すげ～貝のトンネル！ こりゃワシントン条約にひっ…
シッ
※1
珍しい貝は条約制定以前に輸入したもので、メンテナンスにも、その時の在庫の貝を使っていますから
大丈夫です！
スタッフ平野さん
こりゃもらったら困るでー
オススメみやげもの
貝でできたイヌやネコだぞ
買いて～
夏はやっぱり
ガマだぜ！
そして竹島水族館へ
入り口にダンゴウオ公開中って書いてある
※2
500匹の「ハオコゼ」が入った水そう
びっしり
やたらハラのふくれたナマズ
インパクト強い魚ばっかりいるなあ…
ウヒョ
くぎづけ
そして、標本室に入ると……
標本室
ひぃぃ〜
電気ウナギのひらき
シロナガスクジラの性器
アルコール漬けがいっぱい
クジラの胎児
ちょっとコワイはく製
ヒレがひからびてる
おっとせい

採点表

貝殻度★★★
秘宝館度★★
ホルマリン度★

これがダンゴウオか……
ビー
石
ダンゴウオはね……
千葉の海まで行って採集してきたんですよ。なんとか3匹つかまえて「3兄弟」にしようと思ったんですが、1匹しか…ね
副館長の石川さん
（すごくいい人）
ハハハ
なるほど
エヘヘ
最後に、さわやかなお兄さんによるアシカショーを見学
次はハイジャンプだぞー！
なに？、やってみるって？よーしいくぞー!!
ナナちゃん
ときどきコントになる……
お兄さん、ただ者じゃないね…
ニヤリ

※1　貝フェチが集まるオークションは世界各地で行われるが、ワシントン条約によってやりとりしにくくなっている。また、深海の貝は科学の進歩によって採りやすくなり相場が下落。同館にも以前なら1個で1万＄はした元プレミア物があるとか。

※2　取材時はダンゴ3兄弟ブームにあやかって、ダンゴウオを展示していた（無茶苦茶チビっこくて、ダンゴウオというよりほとんど砂ツブウオ）。ただし、3匹つかまえられずに1匹のみの展示だった。

※3　「貝がら系」＝貝に異常にイレ込んでしまった人が、その造形作品をひたすら展示するフェチ心たっぷりの施設。愛知県では他に貝がら公園（34ページ）が有名。

※4　オープンは昭和31年と全国でも6～7番目の古さを誇る。当時は今の竹島橋のたもとにあり、昭和37年に現在の場所に移築した。

ミイラ&戒壇《かいだん》巡りで納涼きも試し！

横蔵寺《よこくらじ》&華厳寺《けごんじ》（岐阜県谷汲村）

今回は思わずひんやりしてしまう岐阜県谷汲村の2つの古刹へ。

まずは横蔵寺。ここの見どころは何と言ってもミイラ。「刺激が強すぎるから写真は撮らないでくださいね」とお寺の人がおっしゃるのも納得の見事なミイラが間近で見られる。

このミイラ（正しくは舎利仏）、江戸時代の妙心上人というえら〜いお坊さんが断食して生きたまま仏様になったというもので、その高い徳のおかげか、かなりエグいルックスにもかかわらず不思議と怖さはない。

そして、それ以上に摩訶不思議なのが、およそ200年もの間何の手も加えていないのにまったく傷みもしてないこと。これは専門家の間でもナゾとされているんだとか。”心頭滅却すれば火もまた涼し“なんてムチャな言葉があるが、厳しい修行の末に死んでもなお腐りもしないミイラ様を前にしたら、確かに「暑い暑い」なんてダラしなく言ってるのが恥ずかしくなってくる。

このミイラよりも怖いのが、お隣の華厳寺の戒壇巡り。本堂のわきに階段があり、これを下っていくとそこはまさに真ッ暗闇の世界。こんな暗闇見たことがない（見えないから暗闇なんだけどね）と思うほどで、本当になぁ〜んにも見えない。

壁づたいに手探りで進むしかないんだが、微妙にカーブしてたり上下してたりするもんだから、だんだん自分の居場所がわからなくなり足下がおぼつかなくなってくる。

表に出るまでほんの3、4分にすぎないが、暗所・閉所恐怖症の人はパニくってしまうこと必至。汗が冷や汗に変わる納涼体験ができるのだ。

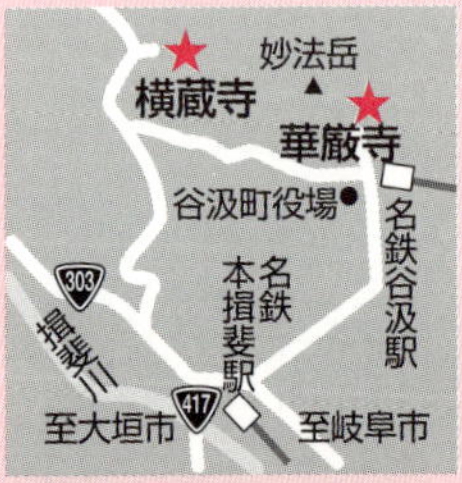

横蔵寺
- 岐阜県揖斐郡谷汲村榊原
- TEL0585・55・2811
- 瑠璃殿・舎利殿拝観
  大人200円 小中学生150円

華厳寺
- 岐阜県揖斐郡谷汲村徳積
- TEL0585・55・2033
- 戒壇巡り100円
- 名鉄谷汲線谷汲駅より近鉄バスで15分

ちょっと聞いたんだけどさぁ
岐阜県の谷汲村ってところにミイラのある寺があるらしいんだよね…
ミイラ…
というわけで今回は…
ユラユラー
アトラスガイド
んがんぐ
ちょっとひんやり横蔵寺
ミイラのある寺
入り口には巨大なワラジが
三重塔があったりと、すごく大きな寺だな
緑も深いし
※1
いよいよミイラのある舎利堂へ
ココ
解説をきいてってちょうだいな
ようこそおいで下さいました。このお寺は…
御正体山の洞窟にこもりながら断食して舎利仏(ミイラ)になったとのこと
ドーン
激ヤセ
恐い感じはしないねえ
テープ係のおばさん
ひとりでここにいると、ときどき上人さま(ミイラ)のところからコトンって音がするのよ！何なのかしらねー。やだ～も～
びっくりするのよねぇ
ハハ
やたら明るい
なんかすずしいとこ行きて～
じゃ山だな

す～げ～なつかし～
この近くにある華厳寺には戒壇《かいだん》めぐりっていうのが有名らしいよ！
キャッキャッ
寺の緑の下にはアリジゴクの巣がいっぱい
アトラスガイド
そして車で10分の華厳寺へ…※2
なにがすごいって華厳寺までの参道にびっしりならぶお店の数々…
すげ～
名物のしいたけをあつかう食堂とか…
いろんなお店がびっしり
にっき水をおいてる店があったり
レトロものいっぱい
にっき水
いい味でてるよね
※3
ね～
なかには石だけ売ってる石屋さんもあったりして。石の店「石松」だって…
やっと門にたどりついた
ふう
500円とかで石がゴロゴロ売られてる

採点表

ミイラ度★★★
真っ暗度★★★
参道のヘンな店度★★★

入り口
戒壇めぐり
そして本堂の横にある「戒壇めぐり」の入口へ到着！ひとり100円を置いて入る
※4
ドキドキ
木で作られた階段をおりて行くとそこは…
なんかイヤな感じ…
中は真っ暗
しっこくの暗闇！
かべを手さぐり
通路は微妙にカーブしたり上下したりしている
パニック
大竹さ～ん
約3分で外へ…こわかった
よおお～
このスリルはたまらんぞ

※1　横蔵寺は延暦20年（801）開山。ミイラの他にも、国の重要文化財の仏像がゴロゴロあり見どころ山盛り。
※2　華厳寺は西国三十三観音霊場の最後、満願の礼所。白装束を身にまとった巡礼者のジイちゃんバアちゃんらでにぎわう。
※3　この参道が実は一番バカルト。怪しい店がズラリと並ぶ。お昼ごはんは是非とも名物のしいたけ料理を食うべし。
※4　戒壇巡りは別に肝試し用に作ったものじゃなく、奥にある大きな錠にさわれば本尊様と縁結びができるというもの。ただし真っ暗だからどこに錠があるのかさっぱりわからない。

超ゴージャスな動く龍宮城

遊覧船「龍宮城」（三重県鳥羽市）

マリンリゾートのメッカ・鳥羽。アカ抜けたイメージが強いこの街の中で、思いっきりベタな存在感で異彩を放っているのが、平成8年にデビューした観光船・龍宮城だ。

真っ青な瓦屋根と真っ赤な欄干がまぶしい豪華絢爛なお城がど〜ん！とそそり立ち、そのまま海を突き進んで向かってくる様はまさにスペクタクル！　舳先にはカメにまたがった金ピカの浦島太郎が乗っかり、デッキの最上部には身長4mの巨大な乙姫様が。さらにやけにリアルな伊勢エビ、タイ、ヒラメが周りをにぎやかす（※2）。

びっくりさせてくれるのは外観だけじゃない。船内は浦島太郎のテーマパーク状態で、1階、2階、そして展望デッキへと進むのにそって、ロールプレイングのようにおとぎ話のストーリーが展開される。

そして、トップデッキではあの冷酷無比のラストシーンが…。白髪化した浦島太郎の驚愕の表情はほとんどホラー。“本当は恐ろしい”のはグリム童話だけじゃなかったのだ（※3）。

船はリアス式海岸や大小無数の島々が浮かぶ風光明媚な鳥羽湾を約50分で1周し、イルカ島に立ち寄ってイルカとアシカのショーを見ることもできる（※4）。

でも、やっぱり一番の楽しみはケレン味たっぷりの観光船そのもの。龍宮城の他にも、エンタテイメント性豊かな船が数種類あり、途中での乗り換えもOK。

よく考えたら後味最悪の浦島太郎のストーリー。帰りの航路はセクシー人魚がしなを作るフラワーマーメイド号に乗り換えて、鼻の下を伸ばしたままで帰港した方が幸せかも…（※5）。

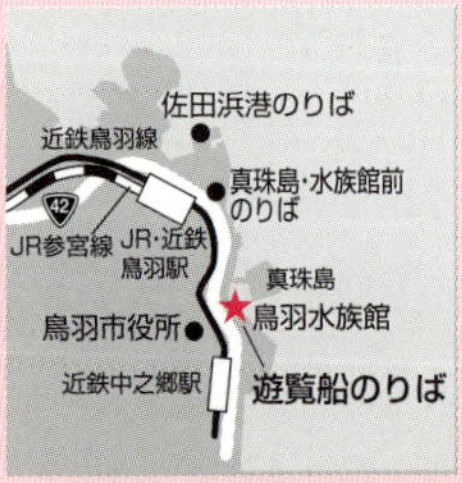

- 三重県鳥羽市鳥羽1丁目2383-4（港湾センター）
- TEL0599・25・3147（志摩マリンレジャー）
- 大人1350円　小人680円（イルカ島セットは各1950円、980円）※佐田浜港、真珠島・水族館前のりばから20〜30分ごとに運航
- 近鉄・JR鳥羽駅から徒歩5分

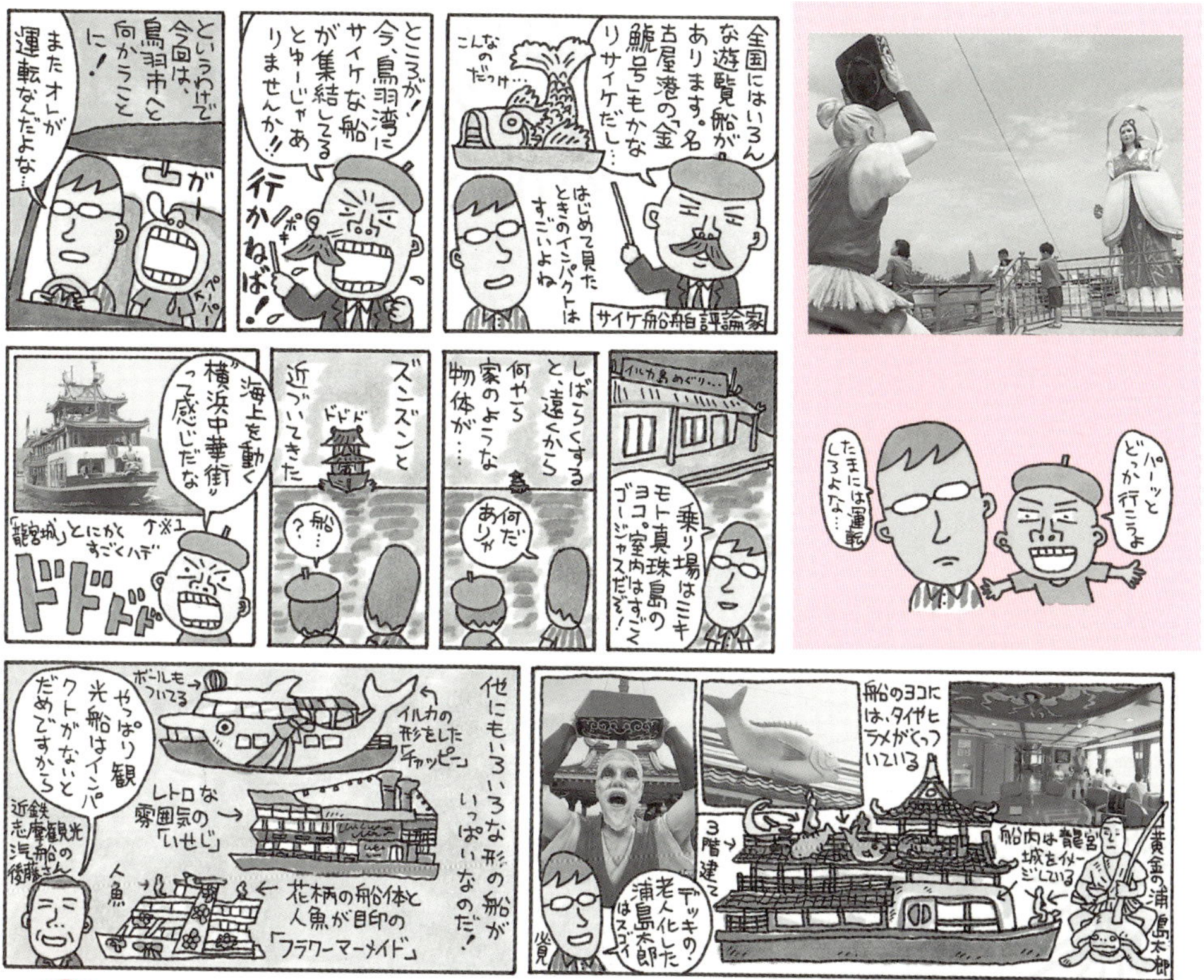
パーッとどっか行こうよ
たまには運転しろよな…
全国にはいろんな遊覧船があります。名古屋港の「金鯱号」もかなりサイケだし…
こんなのだっけ…
はじめて見たときのインパクトはすごいよね
サイケ船舶評論家
ところが！今、鳥羽湾にサイケな船が集結してるとゆーじゃありませんか!!
行かねば！
ポキ
というわけで今回は、鳥羽市へと向かうことに！
またオレが運転なんだよな…
ガー
ペーパー
乗り場はミキモト真珠島のヨコ。室内はすごくゴージャスだぞ！
イルカ島めぐり…
しばらくすると、遠くから何やら家のような物体が…
何だありゃ
ズンズンと近づいてきた
ドドド
船…？
"海上を動く"横浜中華街"って感じだな
「龍宮城」とにかくすごくハデ
※1
ドドドド
船のヨコには、タイやヒラメがくっついている
3階建て
船内は龍宮城をイメージしている
黄金の浦島太郎
デッキの老人化した浦島太郎はスゴイ
覚
他にもいろいろな形の船がいっぱいなのだ！
ボールもついてる
イルカの形をした「チャッピー」
レトロな雰囲気の「いせじ」
人魚
花柄の船体と人魚が目印の「フラワーマーメイド」
やっぱり観光船はインパクトがないとだめですから
近鉄志摩観光汽船の後藤さん

目的地のイルカ島では、アシカやイルカのショーが見れる。島の名前は形がイルカに似ているからなんだってさ！
イルカ
マーク
帰りは「フラワーマーメイド」に乗船することに…
すげー
デッキ中央のマーメイドは、ゆっくりと回転しているのだ
人魚は2体ある
人形はけっこうリアルで色っぽいぞ…
デヘ
それにしてもひきかえ、浦島太郎はコワすぎるって
玉手箱
クワー

採点表

動く中華街度★★★
人形度★★
お色気度★

※1　龍宮城の総工費は何と５億円！普通の客船の2.5倍の費用を投じた超リッチな高級船なのだ。
※2　デザインは東京の会社で、社長さんはホンダシビックも手がけたお人。シビックと龍宮城。まったく結びつかない仕事の跳躍力にプロフェッショナルを感じる。
※3　カメを助けてあげたのにこの仕打ち。龍宮城ってぼったくりキャッチバーよりタチが悪いんじゃ…。ストーリーは「笑うせぇるすまん」並に救いがない。
※4　ここのアシカはかなりの芸達者。水族館通を自認する筆者だが、アシカの回転レシーブなんて初めて見た。後ろ足だけでの直立もする。侮れないぞ、マーク（アシカの名前）。
※5　イルカ船「チャッピー」はその後引退。ちなみに名古屋港の金鯱号も平成12年4月でお払い箱に。（現在は韓国・羅老島で現役復帰）

このキッチュな表情とポーズを見よ！

関ヶ原ウォーランド（岐阜県関ヶ原町）

天下分け目の関ヶ原。その合戦の模様をそっくり再現しようと作られたのが関ヶ原ウォーランドだ。オープンは昭和39年。ジオラマを1／1スケールで作っちゃおうという思い切りのよさは高度経済成長期ならではか。

テーマソング『ああ決戦の関ヶ原』と解説テープがエンドレスで流れ続ける中（※1）、野っぱらに立ちつくす等身大の侍の人形たち。その姿は400年前の戦いの様子を伝えるという本来の役割以上に、40年前のニッポンの観光地のあり方を現代に伝えてくれている。

鉄筋コンクリート製の人形は人馬に合わせて実に202体!! 敵のナマ首をぶら下げえっさほいさと運ぶ者、落馬してブザマに尻もちをつく者、オカマっぽいポーズで走る者など、表情やしぐさをチェックすると一体一体が実にユーモラス。なぜかとっくに死んでるハズの武田信玄もいて、『ノーモア関ヶ原合戦じゃー!!』と長島監督みたいに叫んでたりするハズしっぷりも絶妙だ。

作者は等身大コンクリート人形界の巨匠、故・浅野祥雲《しょううん》さん（※2）。桃太郎神社や五色園も手がけた人物だ。ウォーランドの人形は晩年の作品のため"表情が雑"（実娘の香津美さん・81歳談）で本人の評価も今イチだったらしいが（※3）、躍動感あふれるポーズはそんなマイナス点を補って余りある。何よりこのデカい人形を200余体も作り上げたパワーには脱帽するしかない。

祥雲さんが残した作品はあちこちで見られるが数ではここが一番。その偉大なる作品群を味わい深く鑑賞する。それがこの施設の正しい楽しみ方なのだ。

- 岐阜県不破郡関ヶ原町1701-6
- TEL0584・43・0302
- 9時～17時　無休
- 大人700円　小人400円　幼児200円
- JR東海道本線関ヶ原駅から徒歩20分／名神高速道路関ヶ原ICから車で5分

天下分目の……
関ヶ原……
徳川
続いてるよー なんとか続いてるよおお～
今回で連載5回目となったバカルト紀行……
感激
どーかよろしく
とまあそんなことはともかく
ボクらの行くとこって、人形のあるトコが多いよね
なぜ？
←実はこの人のシュミ
桃太郎神社とかファンタジー館とかね
そーいやそーだ
じゃらん
しかし!! 今回ばかりはひと味違うのだ！
バカルト御一行様
人形の数ではココに勝るものナシ！
なんせ200体以上だっせ！
というわけで究極の人形パーク、関ヶ原ウォーランドへ！
うっしっし
ワー 全軍山を下って攻め～い!!
ウワー ワー
そのとき…東西両軍は……
ワー
同じセリフをくり返すテープのうるさいこと!!
洗脳される～
うるせ
北朝鮮の国境じゃねーんだから
といっても何もない雑木林に等身大の武士たちの人形が立ってるだけ……
えへ
人形の表情や形が全部違うってのはスゴイな
作者の浅野氏はタダ者じゃないね
でも、大変な仕事だよ
ポーズもいろいろ
こんなところに故・景山民夫がいた！
ナンマイダブ…
なかには意味不明の人形も多いぞ！
なんだこりゃ
欽ちゃん走り！
ナンマイダブ ナンマイダブ
踊る、故・三木のり平も発見！
微妙にデッサン狂ってるし…
♪今日は大漁だがね♫
よいしょ こらしょ
けっこう恐い生首人形もあったりしてね…
ひぃ～
夜来たら不気味だろな～
わい わい
キャッ キャッ
そうこうしてると、家族連れがドヤドヤとやってきて、
おっ？
わー アハハハハ わー
なにもこんなとこでベントウ食べんでも
うう…

採点表

人形度★★★
生首度★★
ピクニック度★

※1　解説テープは武将たちのセリフで進行するドラマ仕立て。大げさなセリフ回しが人形のオーバーアクションにぴったりマッチ。効果音で「ウォ～～ッ！ドンドンドン!!」とトキの声も入っている。

※2　桃太郎神社の巻でも紹介したアマチュア人形師。壮年期からの半生を名古屋で過ごす。歴史上の人物などを鉄筋コンクリート製の実物大で再現するという独自の作風をあみ出し、各地にその作品を残す。

※3　確かにこれより30年近く前に作られた五色園（74ページ）の人形に比べると表情がかなりマンガチックになっている。

究極の穴場グルメ！２５０ｍの洞窟レストラン

磨洞《まどう》温泉涼風荘《りょうふうそう》（三重県津市）

巷のグルメ雑誌は何かと言えば、〝穴場穴場〟と穴場の大安売りをしてるが、これぞ究極！　全長２５０ｍの洞窟がそっくりそのままレストランになっているという正真正銘の穴場スポットだ！（えっ、意味が違うって？）

子どもの頃、穴の中に潜るという行為にやたらコーフンを覚えたものだが、大人になってもやっぱりそれは同じ。「洞窟レストラン」、この言葉の響きだけで、無性に入ってみたい！と心騒いでしまう。トドメは入口の鬼の看板。夜には目玉がチカチカ点灯し、食い物屋というよりほとんどお化け屋敷か見世物小屋のノリ。怖いもの見たさでついついフラフラと入ってしまうって寸法だ。

中はびっくりするほど広く、右に左に枝分かれしていてさながら地底の迷路。天井からポタポタと地下水が落ちて来るのと、やけに湿気が多いのが、また探検気分を盛り上げてくれる。

穴はもともと江戸時代から使われていた磨き砂の採掘場で、このあたりにはこうした穴が今でもあちこちに残っているとか（※１）。

実は温泉（※２）としてオープンした昭和37年当時は、別の場所にある全長20㎞（！）の巨大洞窟を利用していたとのこと。しかし、残念ながら管理にあまりにも手間がかかるので今の穴に引っ越したんだそうだ。

料理は伊勢湾の海の幸や松阪牛のバーベキューや鍋、会席などなど。意外と言ったら失礼だが、お味の方はいたってマトモだ（※３）。

たらふく食ったらシメはカラオケ。エコーがわんわん響いて、洞窟ならではの音響効果を存分に楽しめる！

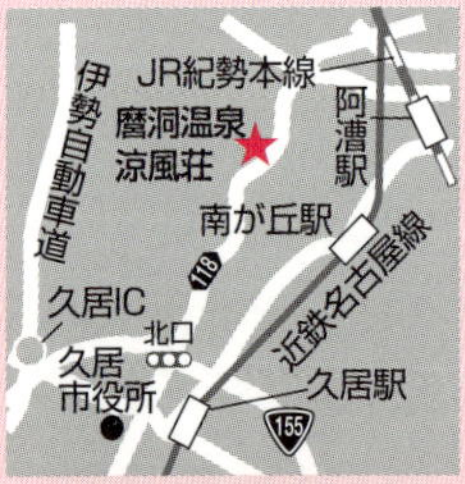

- 三重県津市半田2860-1
- TEL059・228・8499
- 伊勢自動車道久居ICから15分。近鉄津新町駅から送迎バスあり。

磨洞温泉
洞窟レストラン？
えー
穴場だろ
洞窟ときいて思い出すのはなぜか昔の松竹映画、「八つ墓村」のラストシーン……
金田一は渥美清だったハズ
どーくつ
ギャー
ショーケン
小川真由美
古くてわりーな
暗い！狭い！恐い！そんな洞窟の中でご食事なんてできるんだろーか…どんなとこなんだ…
?
うーん
営業中
…そんなわけでやってきた磨洞温泉なんだけど…
外はフツーだよなぁ
?
と、いきなりスゴイ入り口が出現！
お、鬼が口開けてる しかも絵がヘタクソ
でた！
おっ
すると……
ここからは若女将が御案内しますので
どーぞ 地下の方へ…
どーも
現れたのは意外にも若い美人女将だった
あ、はい！
洞窟内は一年中、18度なんですよ
ひんやりしてるでしょ
伊藤和美さん
おおっ！
これはまさにドクター・イーブルの秘密基地！
湿度がすごいぞ！ノートが湿ってきた……
地下へのスロープ
B1
しな…
なんだか幻想的なシェルターみたいだし…
ちょっとSFちっく
スターウォーズみてー
B2
昔は20キロものトンネルがあったとは、びっくりだな
戦時中は3千人の軍人が働く工場だったとか…
先代じゃないと、よくわからないんですが昔はすごかったらしいです
ウフフ
…とちょっと恥ずかしそうに説明してくれる女将

そして…女将さんのご好意で名物、山海賊バーベキューをいただくことに
洞窟のキャパは250人なんだってさ
やった
煙はほとんど気にならなかった
じゅ
すげー
パラパラ
カベはかなり砂っぽいぞ！
ところどころにラクガキも…
まぁいちおうジャングル風呂風っていうか…まぁなんというか…
効能は……
神経痛
リューマチ
不眠
温泉は旅館に隣接したところにある
…とまたまた恥ずかしそうな女将…カワイイっす
ウフフ

採点表

穴度★★★
湿気度★★★
女将恥じらい度★★

※1　戦時中は戦闘機のプロペラ工場や格納庫としても使われてたとか。これぞ地下秘密工場！
※2　温泉は隣の旅館にあり、宿泊でなくても700円で入れる。その後、リニューアルで洞窟風呂も完成！貸切制・定員６名で2500円。
※3　バーベキュー1700円～と実にお値打ち。無煙ロースターを使ってるので煙だらけになる心配はナシ（無煙ロースター導入以前は煙が目にしみる中で食事してたとか）。

金の輝きに心も清められるのか!?

純金歴史人物館（名古屋市）

キンキンキラキラ〜なおめでた〜いスポット、「純金歴史人物館」。日本の歴史上の偉人たちを純金のレリーフにして展示した、まばゆいばかりの金ピカミュージアムだ。

レリーフ1枚あたりの純金は5kg。しかもこれが114枚もある。一体いくらになんねん…？と誰もがついつい計算してしまうが（※1）、社長さんにこの質問をすると「下賎なことを考えるな！」と一喝されてしまうとか。でも、売店ではちゃっかり金のメダルやら売って商売してるし、休館日が土日祝日ってのも銀行の休行日は金相場が出ないため、相場換算のおみやげグッズを販売できないから。何か矛盾してるような気がしないでもないが、そんな風に考えてしまうのは、きっとこちらの性根が卑しいからなんだろう。

この超ごリッパな施設の創設者は竹田和平社長（66歳）（※2）。タマゴボーロで有名な竹田製菓のオーナーで、犬山のお菓子の城もこのお方の発案によって作られたテーマパークだ（※3）。

今回は残念ながら社長さんがご多忙のためお会いできなかったが、筆者は以前2度ほど取材でお目通りさせてもらったことがある。「金には人の心をきれいにしてくれる力があるんです！」と力説しつつ「でも、どうもそれがわからない人が多いようなんだな」と客の不入りをぼやいていらっしゃったのがとても印象的だった（※4）。

もともと名古屋人は金ピカ好きなんだから、この施設の素晴らしさがわかる人も多いハズ（？）。その輝きをたっぷり浴びて、心を清めてみちゃあどうだろう。

・平成14年秋に休館
・現在は石膏のレリーフなどを無料公開中。リニューアルオープンも検討中だが時期は未定とのこと。

今回は…
うーむ
金マニア党
名古屋市西区にあるこのカンバン…
純金 歴史人物館
前々から気にはなってたんですよ
おっほっほっ
ピカー
埋蔵金とか?
純金と歴史人物とどーつながるんだろう…
?
人物館としちゃなんか怪しげでちょっとバブリーな雰囲気だし…さっそく相方のライターI氏にきいてみると、
ああ、オレ昔、取材したことあるよ!
あっさり
なんだ知ってたの
社長にも会ったよ
知らんぞー
じゃあ行ってみようよ
なんかおめでたそうだし
えー
というわけでアポを取って取材してみることに…
だが、人の気配がない…
こんちはー
受付
入館 1000円
すいません
これはこれはすみませんねぇ取材の方ですね土日は休みになったんですよ
え、そうなんですか
ど、ども
スタッフの高橋さん
土日休みってめずらしいですね
この日は土曜日だった…
どうぞこちらへ
重そうなトビラを開けるとそこはゴールド!の光り輝く世界だった…
天照大御神から戦国の武将、明治の偉人まで…
聖徳太子のレリーフ
直径24cm、厚さ5mmの偉人たちの彫刻(純金)が社長、竹田和平さんの文とともに陳列されているのだ
これがズラーッと並んでるだけなんだよね…
だから
言ったのに
思わず…
これって1枚いくらぐらいするんでしょーかねぇ 500万くらいっすか?
えへへへ
と聞いてしまったところ
「そんな下賤なことを聞くな、もっと高尚なことを考えろ。金閣寺がいくらするか聞くやつはおらんだろう」
みなさんよく聞かれるんですが
…と社長に怒られるんですよねぇ
そ、そうですよね
はは
ス~
ひいてる→

実はこの社長、「タマゴボーロ」で一世をふうびした竹田製菓のオーナーでもあるのだ…
竹田和平さん
純金に輝く歴史人物が自己の心を映し出してくれるのです
お菓子の城
←ここも作った
タマゴボーロ
全国的にも有名な人らしくて、数十社の会社の大株主でもあるのだ。少し前の週刊文春でもナゾの億万長者として登場しているほど…
時価78億!27社の大株主、竹田和平は「タマゴボーロ」長者!
ここはそんな竹田氏のユニークな思想を紹介する施設でもあるのだ…
彫刻をみて、感動のあまり泣き出すおばあさんもいましたよ!
はぁ
スー
ひいてる
金の世界というよりも…
わかる人にはわかるのかも…
ありがとうございました
大金持ちの世界は、奥が深いもんですなぁ
入館料1000円もするけど…
ふうー
つかれた
金酔い

採点表

金ピカ度★★★

社長お金持ち度★★

閉館しちゃった度★★★☆

※1　時価で10億円は下らないとか（！）　こんなこと書くと社長さんに怒られそうですが…。

※2　平成12年から社長と同じ２月４日生まれの赤ちゃんの１歳の誕生日に純金メダルを無料プレゼントしている（！）。いやはや豪気なお方…。

※3　54ページ参照

※4　取材当日案内してくれた職員の高橋さんも「いやぁ、お客さんはほとんど来ませんから」とさわやかにコメント。さすが高尚な施設だけに入館者の数などささいなことにはとん着しないのだ。

素晴らしきクズ鉄製の五重塔

喫茶五重塔（岐阜県小坂町）

数多《あまた》ある珍スポットの中で最も愛おしさを感じるのは、とくにアートの素養があるでもなく、財力があるでもないごく普通のオッちゃんが、内から湧き上がってくる衝動を抑えきれず、やみくもにモノを作り続けた結果、いつの間にやらい～い感じでパラダイス（©桂小枝）ができあがってしまった、というもの。

　意味や目的より、勢いと行き当たりばったり。この「喫茶五重塔」は、まさにそんな〝できちゃったバカルト〟のお手本とも言えるスポットだ。

　作っちゃった人、は早川清さん（76歳）。鉄工所経営のかたわら、川原で拾ってきた石で彫刻を作っていた早川さんが、五重塔を手がけたのは今から25年ほど前（※1）。「農協の倉庫の解体を頼まれての。ほんでクズ鉄がようけ出たもんで、売るに売れんし、自分で使おかってことになったんですわ」（※2）

　最初は五重塔にする気はまったくなかったそう。「平屋の蔵を作ったらまだ鉄材が余っとる。2階を足したけどまだある。で、3階、4階とつけ足しとるうちに、結局こんなふうになってしまってやぁ」という調子でまるで気負いのないその人柄は、他の作品（※3）にも投影されている。東京タワーなのかテレビ塔なのか本人もわからないという高さ3ｍほどの塔、まん丸の石に顔を彫り、なぜか横に小さな手足も彫り足したためにワケのわからない生き物になってしまった彫刻など…。

　芸術というより限りなく図画工作に近いジャンクアートたちだが、とっても気のいい早川さん同様、やけにほのぼのとさせられるのだ。

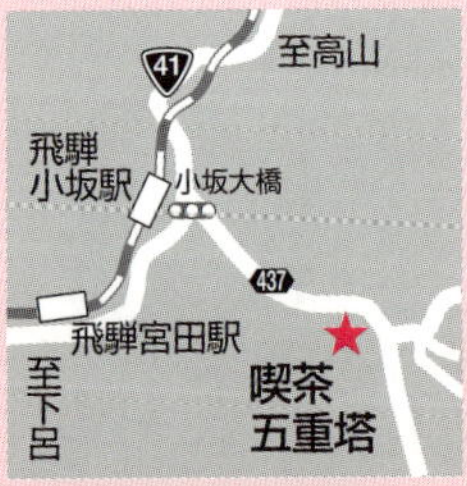

- 岐阜県下呂市小坂町落合19-1
- TEL0576・62・3024
- 8時～17時　金曜休
- JR高山本線飛騨小坂駅から濃飛バス下島温泉口下車・徒歩1分／中央自動車道中津川ICから国道257～41号～県道437号で約1時間40分

すごい人もいたもんだ
自分で作ったものばかり…
冬は寒さのきびしい岐阜県の県道437号をドライブしていると、突如、目の前に現れるというナゾの建物がある……
チラッ
?
うおー
なんか今、五重の塔みたいなものがあったぞ!
気のせいじゃな〜い
スリスリ
…と一部のスキー客の間でウワサになっていたのが……
しかもすごくチープな…
ガーン
何をかくそう、この「喫茶五重の塔」だったのである!
経営者の早川さん夫婦
1階から2階へとつけ足していったら五重の塔になってたというのもスゴイが……そのまわりに野ざらしにされたマスター自作の石の彫刻は必見!
エンマ様か? 後ろの馬に乗った人物は…?
戦争で亡くなったお兄さんの像
作者の早川さんは76歳だが、元気そのもの…
裏の川原で拾ってきた石コロを削ってるうちに何やら自然に形になってくるんですわ〜
わっはっはっ
冬は寒いで作らんがのお わははは
何体あるかは自分でもわからないほど庭はいろんな彫刻でいっぱい!
しかもこれがかなりシュール
「これは何ですか」と聞いてみたところ…
さあ、何じゃろうかのお〜
わははははは
早川さんの石像ギャラリー
見ただけで呪われそうな作品 カブトが意味不明
何なんじゃこりゃあ!!
…とツッコミたくなるプリミティブ・アートがずらり

さらに早川さんは鉄を使って、タワーや名古屋城も作っているぞ!
でかい!
タワーの内部にはミニチュアの人形まで作ってある細かさ
なんとロボットまである
くくくく 笑える
電気入れれば動くんじゃがのう
下のカメも手足をバタバタさせて動く
コタツでテレビ見とるのもヒマなんで、ロボット作ってみたんじゃ
わはははは
感動
冬はコタツでロボット作り、こんなスゴイ人いないぞ!

採点表

材料タダ度★★★
デッサン微妙度★★★
じいちゃんニコニコ度★★★

※1　筆者がこれより2年ほど前に訪れた時は「(作ったのは) 15年くらい前かのぉ」と言っていた。早川さんののんびりした口調につき合っていると、まあ、どっちでもいいかと思わせられてしまう。まあ、どっちでもいいですね。

※2　ほとんど自分1人で1年がかりで作り上げた。費用は100万円ほど。

※3　作品は庭にごろごろと野ざらしになってる石の彫刻を中心に約200体。五重塔の2階がギャラリーになっていて、隣の倉庫の脇にも展示用ショーケースがある。

自室に「電車でGO!」を作った男

コックピット（名古屋市）

「電車でGO!」ってどう考えても地味ゲーなのに何であんなにウケたんだろか？ 最近はついに我らが名鉄バージョンを含むローカル版まで登場。誰もがいつも乗ってるのに誰も運転したことがないという点が、実はみんなの心の中に「一度でいいから運転してみたい！」という潜在的欲求を育んでいたんだろうか？（※1）

で、普通はメーカーがゲームを作って初めてその欲求に気づかされたワケだが、鉄道おたくの山本和明さん（44歳）は9歳からその思いを温め続け、平成7年に、ついに自力でマンション内にオリジナルの「電車でGO!」を作ってしまった。

「いや、『電車でGO!』ではないんですけどね」とあくまでこだわりを見せる山本さんだが、それも当然。このシミュレータは鉄道会社が新人の訓練などに使うバリバリのプロ仕様。本来は門外不出の映像ソフトと運転席の機械を特別にリースしてもらったという激レア物なのだ（※2）。

電車の車体も内装屋さんに頼んで作らせたオリジナル（※3）。おまけに運転を体験する際には山本さんがシブ〜いアナウンスで車掌役を務めてくれるから、あまりのリアルさに鉄道マニアなら気分は盛り上がりっぱなしだ（一般人なら引きっぱなし）。

しかし、シミュレーションのディープさ以上に引きまくってしまうのが部屋の乱雑さ。パソコンのモニターやら電車の部品やらがごろごろ転がりほとんど足の踏み場もない。一応営業してるのに（※4）恐ろしいまでに荒れ放題。

いろんな意味でマニアの一途さを思い知らせてくれる超カルトスポットなのであった。

取材時の所在地は名古屋市千種区。現在は連絡先不明。

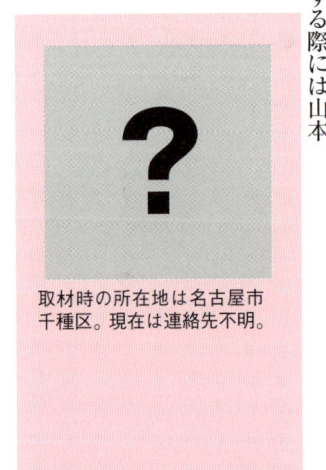

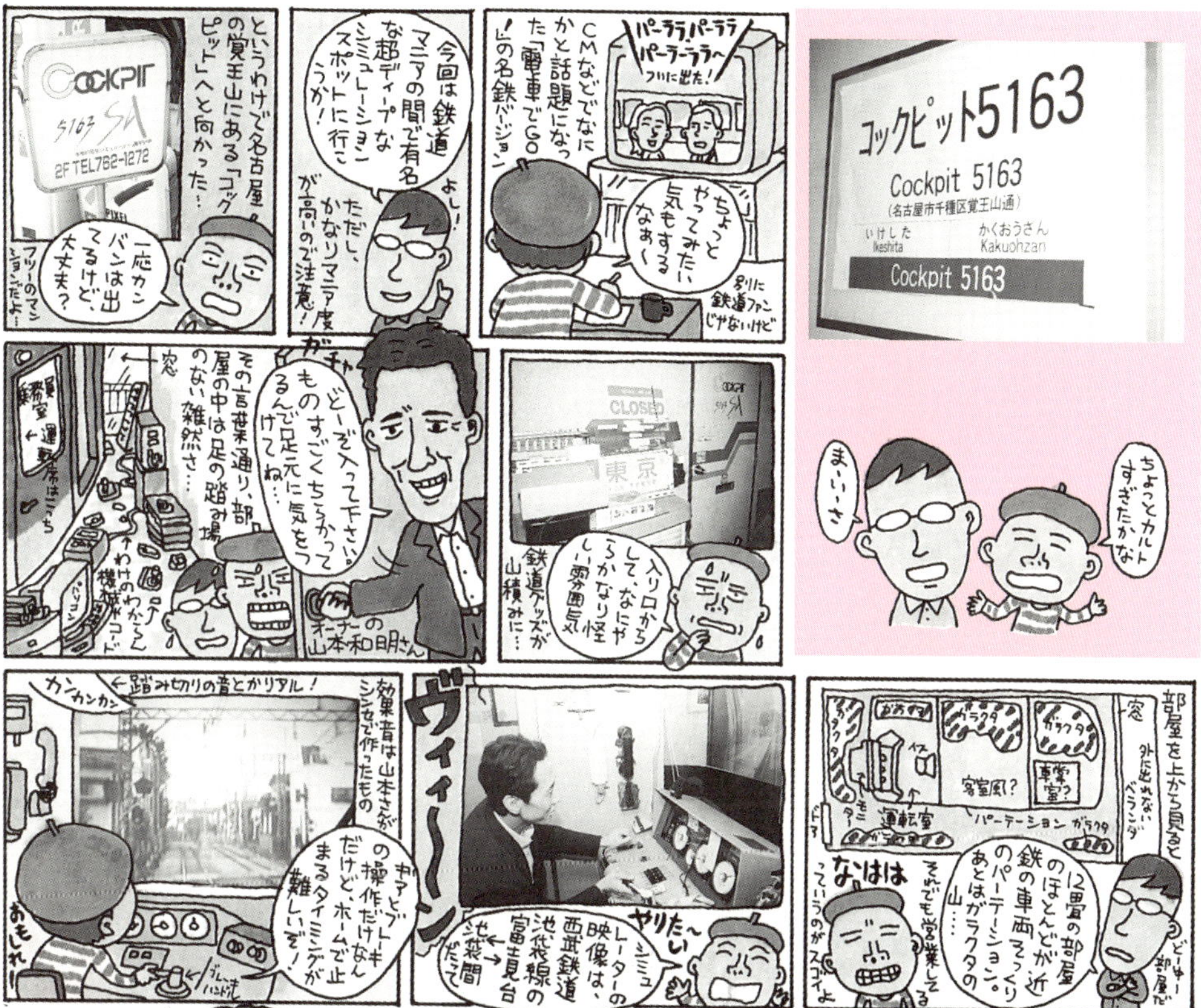

コックピット5163
Cockpit 5163
(名古屋市千種区覚王山通)
いけした Ikeshita
かくおうさん Kakuohzan
Cockpit 5163
ちょっとカルトすぎたかな
まぁいいさ
パーララ!パーララ パーラーララ〜
ついに出た!
CMなどでなにかと話題になった「電車でGO!」の名鉄バージョン
ちょっとやってみたい気もするなぁ〜
別に鉄道ファンじゃないけど
今回は鉄道マニアの間で有名な超ディープなシミュレーションスポットに行こうか!
よし!
ただし、かなりマニア度が高いので注意!
というわけで名古屋の覚王山にある「コックピット」へと向かった…
COCKPIT 5163
2F TEL762-1272
一応カンバンは出てるけど、大丈夫?
フツーのマンションだよ…
CLOSED
東京
入り口からして、なにやらかなり怪しい雰囲気
鉄道グッズが山積みに…
ガチャ
どーぞ入って下さい。ものすごくちらかってるんで足元に気をつけてね…
オーナーの山本和明さん
その言葉通り、部屋の中は足の踏み場のない雑然さ…
窓
乗務員室
運転席はこっち
わけのわからんコード
機械
パソコン
部屋を上から見ると
窓
外に出れないベランダ
おおぎ
ガラクタ
ガラクタ
客室風?
車掌室?
イス
運転室
パーテーション
ガラクタ
ドア
12畳の部屋のほとんどが近鉄の車両そっくりのパーテーション。あとはガラクタの山…
どーゆー部屋だ
それでも営業してるっていうのがスゴイよ
なははは
ヴィィ〜ン
シミュレーターの映像は、西武鉄道池袋線の富貴見台⇔池袋間だって
やりたい〜
効果音は山本さんがシンセで作ったもの
カンカンカン
←踏み切りの音とかリアル!
ギアとブレーキの操作だけなんだけど、ホームで止まるタイミングが難しいぞ!
ブレーキハンドル
おもしれ!

山本さんがフエを吹いて車掌さんになりきってくれるのが笑える…
すげ!
あ、こみあいましてごめーわくさまでございま〜す。普通電車池袋行きです〜
←ホントのアナウンスみたいにリアル!
天井にはつり皮。パーテーションも本物そっくりにするこだわりよう…
さすがマニア
おたくの人だけでなく、本職の鉄道運転士さんが遊びに来たりもしますよ
ははは
こんな人生もちょっといいかも
と、好き勝手し放題の山本さんの本業はプロのジャズミュージシャンときいてまたまたびっくり!
近鉄をそっくり

採点表

鉄っちゃん度★★★
散らかり度★★
消息不明度★★★

※1　タイトーの「電車でGO」シリーズは、平成16年春発売の11作目で終了。

※2　本物のシミュレータソフト＆ハードは、科学館などにリースされることはあるが民間施設に貸し出すなんてことはありえないとか。ここでは一応“研究用”という名目で特例として借り受けることができたとのこと。

※3　内装屋さんいわく「長年この仕事やってるけど電車を作ったのは初めてですわ」。デザインは近鉄の特急電車を再現したもので、手すりや窓などところどころ本物の電車のパーツが使われている。

※4　シミュレータ体験は２往復4500円。ダイヤ通り運転できれば片道15分ほど。2人でやってきて運転手と車掌役を1往復ずつ交代で楽しむお客も多いとか。電車のミニチュア模型の販売も行っていた。

ツチノコのお値段は１１２万円也！

つちのこ館《やかた》（岐阜県東白川村）

ツチノコが一世を風靡したのは昭和40年代末～50年代初め。当時はスプーン曲げのユリ・ゲラー、UFOの矢追さん、ノストラダムス本の五島勉ら、ペテン師…もとい超常系スターが次々登場し、世は空前のオカルトブームに。同時に、ネッシーや雪男などの謎の生物も少年雑誌やテレビの特番には欠かせない定番ネタのひとつとなっていた。

ツチノコはそんな未確認生物業界の中で最も人気のあった国産キャラクター。日本中あっちこっちから「オレも見た」「わしゃ、ジャンプしてるとこ見たけん」と目撃証言が寄せられていた。

岐阜県東白川村はこうした目撃例が古くからわんさかあり、ツチノコ発見の可能性が最も期待されている場所（※1）。第3セクターで運営する「つちのこ館」は、その伝説や生態的特徴などをパネルにしたり、様々な文献を集めて展示するおそらく日本で最も充実したツチノコの資料館だ。

とりわけ、目撃者のじいちゃんがツチノコとの遭遇の模様を解説するフォト・ドキュメンタリーは傑作！ 他にも急ごしらえのお化け屋敷みたいなツチノコ体験室なんてものまであって、このペーソス漂う空気がいかにもツチノコにふさわしく、しどけない笑いを誘ってくれる。

さらに1階のみやげ物売り場では、ツチノコをかたどったクッキーやら五平もちやらが売ってたり、実物大（?）のツチノコの見本が飾られていたりしてこれまたしどけない。

5月3日には毎年恒例のツチノコ捜索イベントも開催。生け捕りできたら賞金111万円（※2）をゲットできるから、幻の珍獣の存在を信じる純朴なお人は一攫千金目指してチャレンジしてみてはいかが？（※3）

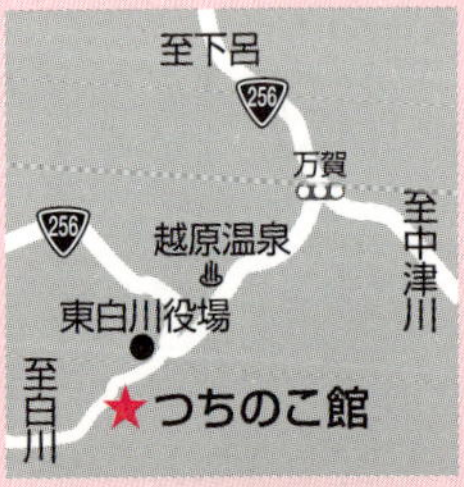

・岐阜県加茂郡東白川村神土426-1
・TEL05747・8・3192
・９時～17時　水曜休
・JR高山本線白川口駅から濃飛バス加子母行き臨時バス停つちのこ館前下車
・中央自動車道中津川ICから国道257号～256号～県道62号で約１時間

ボクが小学生のころには「未確認生物」なるものがブームになってて、やたらテレビや本などで紹介されていたもんだ…
こりゃいるぞ!
この手の本とかもよくのってた
少年マガジン
いろんなバケモノが出てきたなかで一番ホントにいそうなのがツチノコだったのだ
ヒバゴン
カッパのミイラ
UFO
クッシー
ケサランパサラン
コレはいるのか?
私はツチノコを見た!
わくわく
矢口高雄とかがマンガにもしてたし、証言する人も多かった。
今回紹介する岐阜だけでなく、広島や和歌山など、目撃例は日本各地にある
釣りキチ三平の人
ツチノコ館の模型だっつーの
でたツチノコ!
そんなツチノコを村おこしのきっかけにしてるのが岐阜県の東白川村だ
ようこそ!東白川村へ
つちのこの里
あと6Km
村中ツチノコにまつわるものでいっぱい
皮でもええんかい
つちのこ神社なんてのもあるくらいだからなあ
もしかしたら…
目つきちがう
東白川村役場の人でもあるつちのこ館の今井さん
さてと…
つちのこ館に到着…
わりと新しいね
東白川村では昔から「土へんび」と呼ばれるヘビに似た正体不明の生き物がいるという言い伝えがあるんですよ
私のおばあちゃんも山ん中では気をつけろと言ってたもんですよ
しかし、平成4、5年ごろを最後に、村での目撃証言がなくなったそうで、ちょっとさびしそうな今井さんでした
ま、2階のつちのこ資料館を見てってください
ハハ
目は鋭くて口の中が赤い
ひらたい三角形
尾はネズミみたい
ビールびんみたい
ジャンプ力は2m!
体長30〜80cm
みんな同じようなものを見てるのがフシギ
うむ

今井さんの15分間の観察ドキュメント
でも一番おもしろいのは、この今井さんの再現ドキュメントだよ!
はは
うはは
15分も見つめあってたらしい
今井さん(館の人とは別人)という目撃者本人
ツチノコの模型
2mはなれてしばらく見ていた
動かないので石をぶつけてみた
石
タイヤにあたったような音がした…
まるでコママンガのような本人参加の再現写真が続いていく…
すげ
あとツチノコ体験室ってのもあるけどこれは見なかったことに…
ハハハ
ふぅ〜
おみやげもいっぱいある。ツチノコグッズとか…ボクらはツチノコごへいもちをごちそうになり…
一本150円
東白川村名物ツチノコクッキーを買って帰ったのでした…
500円
ほのぼの〜

採点表

超常度★★★
観察ドキュメント面白過ぎ度★★★
おみやげとほほ度★

※1　村にはつちのこ神社なんてものまである。その付近にはツチノコ捕獲を呼びかける「手配書」の看板も。成功報酬は「生け捕り100万円」から「皮５万円」まで。皮って…。どうやって証明するんだか？

※2　何でこんなハンパな金額かというと平成元年の第１回捜索から毎年１万円ずつ上乗せしてるから。平成16年開催の第16回では115万円になってるハズ。ちなみに兵庫県千種町では生け捕り賞金は何と２億円！でも金額が現実的な分、東白川村の方が本気っぽい。

※3　筆者も数年前参加したことがある。横浜からやって来た未確認生物研究会会長なるオッさんが、地元のじいちゃんのあやふやな目撃証言にすぐさま「それは絶対ツチノコです！」と断言するなど、非常にラフな専門家ぶりを発揮していた。

ブロンドねえちゃんも大コーフン!?

田縣《たがた》神社（愛知県小牧市）

　デカチン神社として有名な田県神社。本殿にでで〜んと鎮座する3mの巨大イチモツをはじめ、境内は右も左もチンチンだらけ。お参りする時にガランガランと鳴らすつり鐘や参道の脇の石柱もチンチン型。もう、あっちこっちににょきにょき生えてるって感じで、うら若き乙女ならポッと頬を染め、トウの立ちきったオバちゃんならゲラゲラとのどチンコを見せながら大笑いする、人それぞれの反応が実に興味深い変わり種神社だ。

　当然、エロを得意とする神様をまつってあるんだと思ってる人も多いが、これは誤解。

「そもそも五穀豊穣を祈るための神社なんです」とは禰宜《ねぎ》の粟田孝浩さん。つまりあのチンチンは、母なる大地に恵みをもたらす自然のエネルギーのシンボルってワケ。

　この神社が最もにぎわうのが、毎年3月15日の豊年祭。目玉は2・5mの大男茎形《おおおわせがた》（※1）を乗せたみこし（※2）を中心にしたチンチン行列。町衆のオッちゃんは外国人のおねえちゃん（※3）を見つけては、「ほれほれ、チンチン抱いて写真撮んな」「先っぽにチューしなきゃダメだぁ！」と場所が違えばセクハラで国際問題に発展するんじゃないかと思われるほどのスケベ大王ぶりを発揮するんだが、女性たちもキャーキャー叫びながらも大喜び。何とも開放的で笑いにあふれたお祭りだ。

　豊年祭に象徴されるように、とにかくミョ〜に明るくなれる田縣神社。アベック（死語だけどここにはやけに似合う）でお参りすれば、いつもと違った気分で盛り上がれるハズ。盛り上がりついでに子宝に恵まれちゃう、なんてご利益にも授かれたりして。

- 愛知県小牧市田県町152
- TEL0568・76・2906
- 名鉄小牧線田県神社前駅から徒歩２分
- 名神高速小牧インターから国道155号〜県道102号を経由して10分

チンチンがいっぱい…
しかもデカイ
とうとうわがバカルト紀行で、ウワサの田縣(たがた)神社をとりあげることになった…
ついにきたか～
毎年3月15日に「天下の珍祭」と言われている豊年祭が行われるので、そのようすを見物しようというのだが…
すごいんだから～
当日はいろんな取材が殺到するらしいよ
なぜ、ちょっととまどってしまうかというと、それはこの神社が全国的にも有名な…
チンチン
すなわち男性のシンボルをまつった神社だからなのじゃ～!!
ドーン
リアル…
引くなよ～女のコ!
境内にはチンチンにまつわるものがいっぱい…
巨大な石
男性器が天の恵みの象徴とされているのだ
だからいたるところに、チンチンが……
神社内にはニョキニョキとチンチン型の石が
→玉をさする
鐘を鳴らそうと上を見ると、そこにもナニが!
そこまでするか!
うげ
そしてお祭りはたいへんなにぎわい!
すごい人だかり。みんなおみこしを待っている人たちだ
うわー
しばらくすると神社から500メートルほど離れたところからおみこしがやってくる…
モロでっせ～
ワッショイ ワッショイ
→総勢150名によるおみこし行列のメインはヒノキ製、2.5メートル、直径60センチの巨大な「大男茎形(おおおわせがた)」!
のぼりの絵が超リアルだ…

しかも行列には、30センチのチンチンを抱えた巫女さんたちも参加してるのがスゴイ!

なんともおおらか…

ハハ

このお祭の特徴はとにかくやたら外国人観光客が多いところ!
やっぱり珍しいんだろーな
日本人の女のコは、はずかしがってる人が多いが
外国人の女性はすごく明るくて、大笑いしながらペタペタさわってる
かなりヤバイおやじもいたけどね…
ウハハ
だいじょーぶか?
大男茎形は、地元の大工さんが毎年作り直すんだってさ。たいへんな作業だよな…
すげー
おみやげにはチンチン型のアメも売ってるよ
でも会社で配るとセクハラになるかも
やべーぞ

採点表

デカチン度★★★

盛り上がり度★★★

セクハラ度★★

※1　木彫りの巨大チンチンは地元の宮大工さんが毎年作る力作。毎年、リッパなチンチンの作り方を追求し続けた結果、90年代初め頃から亀頭部がよりたくましくなったとか。

※2　大男茎形は実はご神体ではなく神様へのお供え物。秋の新嘗祭の後に断ち割られて絵馬やお札にされる。

※3　豊年祭の観客は外国人が本当に多い。というのもアメリカでは伊勢神宮と並んで有名だから。第２次大戦後、進駐軍があまりのインパクトと大らかさにびっくりし、本国に紹介。日本よりも先に海外で注目されることになったんだと言う。

※ 以前、田縣神社の裏にあった性態博物館。いろんな動物のチンチンのホルマリン漬けを集めたすンばらしい施設だったが平成9年で閉鎖。残念！

支離滅裂なハク製動物園

野生の王国　アニマル邸江戸屋（静岡県伊東市）

"お金持ちの家"にあってほしいモノと言えば、何はなくとも動物のハク製だ。床の間のキジやタヌキでも悪くはないが、願わくば洋間の暖炉にヘラジカの頭なんかが飾ってあることが望ましい。加えて絨毯代わりにトラの毛皮が敷いてあったりすればもう完璧。

そんなブルジョワ～な優越感に一度はひたってみたい、という人は是非この「野生の王国」へ。ヘラジカやトラはもちろん、ライオンや白クマにキリン、ナマケモノ、ブタ、牛と何でもござれ。ななな何とジャイアントパ◯ダだってゲットできるのだ！（※1）

国道沿いの店先に巨大なゴリラやゾウのハリボテがゴロゴロと並べられてる様からしてすでに血湧き肉踊ってしまうが、実態はその期待をはるかに上回る。大きな倉庫のような館内にハク製たちが所狭しと並べられていて（※2）、しかも驚くべきことにこれが全部売り物！　シベリアトラ６００万円、パ◯ダ４８００万円（！）などの高額商品もあるが（※3）、水牛の首27万円、オオトカゲ1万５０００円といったあたりはなかなかお買い得のような気がしないでもない（※4）。

ハク製もすごいんだが、何より頭がくらくらしてしまうのはほとんどカオスと言うべき品揃えの支離滅裂さ。壷やタンス、マウンテンバイク、車のワイパー、スルメ、ビニール製だんご3兄弟、長グッ…。ようするにここはハク製が異常に多い骨董品屋兼ジャンクグッズ屋、と認識するのが正解らしい。

それにしてもパンダ（あ、言っちゃった）とゴム長を一緒に売ってる店なんて世界中どこを探したってないだろう。まさに野生の名に恥じぬ野放図な経営方針が築き上げた王国なのだ。

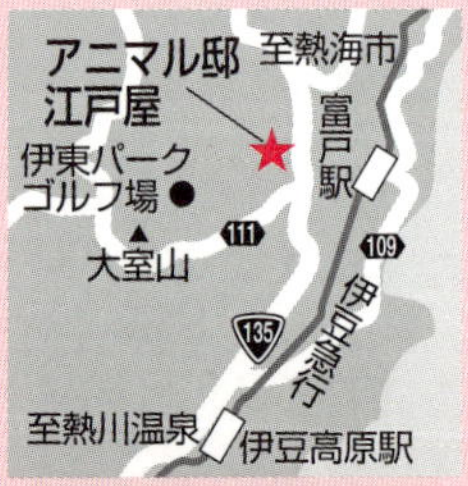

- 静岡県伊東市富戸字水口1101-2
- TEL0577・51・3214
- 9時～17時30分（冬期は17時まで）木曜休（祝日の場合営業）
- 大人300円　小人200円　ペア500円
- JR伊東駅からグランパル公園行バス、栗の原下車徒歩1分
- 東名高速沼津ICから国道136～県道19号～国道135号線で1時間20分

ヘラジカの首
↑トムとジェリーにもよく出てきた
昔は、金持ちの家にはハク製がつきものだった
ステイタスね
金持ちではまったくナイボクの家にもカモのハク製があって、子供の頃、これがやたら恐ろしかったのを覚えている
うわ〜ん
なんだろねえ、この子は…
おかん
じぃー
体は本物なのに目玉だけガラス製だったりして…
だってコレ死体じゃん
ブキミなんだもん
そんなトラウマ（オーバー）をかかえるボクにライター大竹氏がこんな取材を提案したのだ…
ハク製版「野生の王国」に行こうぜ！
アニマル邸
江戸屋
135号線沿い
好きだねぇ
ひぃぃぃー
まさに、こういうとこ探してたのよ！
というわけで、わざわざ伊豆までやってきました…
うわー！
不安…
近づけばわかる、という電話通りのものすごいインパクト！
おげっ
入口はカバが口を開けてる
野生の王国
入口
そして、中に入ると独特のニオイ（小学校の理科室のような）とともに、ハク製がびっしり並んでいたのだった
ヒィィ
すごいのはいろんなハク製がすべてゴチャゴチャになって置かれてるコト…
それはね…
ガラスケースに入れると野生味がなくなるんだよねえ
と言うのはココを管理している糸井三男さん（48歳）
カバの上に大トカゲがのってる
なかには、もともと白クマだったものが黒ずんでしまった悲しいハク製があったり
すごい売り物よ、白クマは88万円ね…
ノコギリザメの歯やダチョウのタマゴが無造作にころがってたりする
ダチョウのタマゴ ¥5000
巨大なツボ 158万円
かと思えば↑なぜか突然スルメが売られてたり…もうメチャクチャ
イッカクのキバ 46万円
スルメだけはカンベン
なんでも、オーナーは海産物店を経営。その趣味がこうじて20年前にココをオープンしたとのこと…

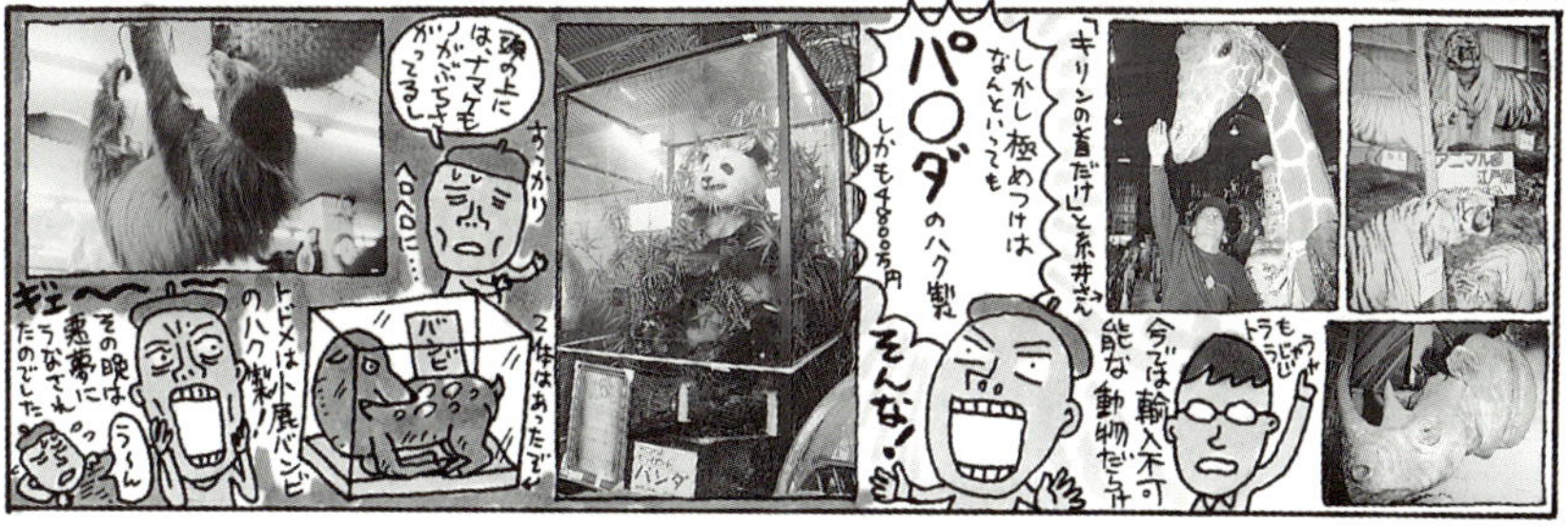
「キリンの首だけ」と糸井さん
しかし極めつけはなんといっても
パ○ダのハク製
そんな！
今では輸入不可能な動物だ
頭の上にはナマケモノがぶらさがってる！
キェ〜
その晩は悪夢にうなされたのでした
う〜ん
バンビ

採点表

ハク製度★★★

レッドデータアニマル度★★

秘宝館度★☆

※1　その他にもキンシコウ（サルの仲間）、ピューマ、コビトカバ、バッファロー、エミューなども。今じゃ絶対に取引不可能な珍獣もゴロゴロ。

※2　ハク製はゆうに200体を越し、管理人さんですら「鳥とかのこまかいモノまで入れると数え切れない」と言うほど。数え切れない理由の半分くらいは陳列の無秩序ぶりのせいだとも思うが。

※3　これらの目玉商品はほとんど売る気がないためこんな値をつけてるとか。ちなみにバブル期はコブラやゴクラクチョウがよく売れたとのこと。

※4　取材当時売れた一番の大物はライオンで120万円ほど。安いッ！（のか？）筆者が買ってもいいな、と思ったのはノコギリザメのノコギリ1500円。

父子2代が守る「貝がら人生」

貝がら公園（愛知県南知多町）

　貝がらに無性にイレ込んでしまう人生は昔からあるようで、そのコレクターは何と古代ギリシャ時代から存在するらしい（※1）。貝がらをあらゆるものにぺたぺた貼りつけまくったスポットというのも、バカルト界における代表的なジャンルのひとつ。全国各所にその手の観光施設が点在する（※2）。

　中でも俗っ気ゼロの一途な熱情が注ぎ込まれているこの貝がら公園。何せ作られた理由はただひとつ、蛇神様のお告げ（！）。故・山本祐一さんは、昭和30年の61歳の誕生日、白蛇が枕元に現れ「世界に類のないほこらを作れ」と命じる夢を見た。それを律儀に実行した結果できあがったのがこの神社兼公園なのだ。

　それにしても、なぜ丘の上でなぜ貝でなければならなかったのか？　発想の飛躍力に加え、その実現のために無数の貝がらと数トンにもおよぶセメントを背負って千段以上もの石段を上り、20年がかりで完成にこぎつけた実行力たるや、畏怖の念を禁じえない（※3）。

　おそれおののくと言えば、祐一さんの遺志を継いで、現在公園を管理している2代目の良吉さん（79歳）もまた怖い。

「ここは神社なのに最近の若いヤツは手も合わせん！」

「私設の庭をタダで見せる、こんなとこ日本中どこにもないっちゅうのにみんな感謝の気持ちがない！」といつ会っても怒ってる。うんうん、と耳を傾けているとだんだんご機嫌になってくる、まあ、最近では珍しくなった一本気な頑固じいちゃんだ。

　そんな山本さん父子の2代にわたる貝がらに捧げた人生に思いをはせるとともに、貝がらの持つ底知れぬ魔力を感じてもらいたい。

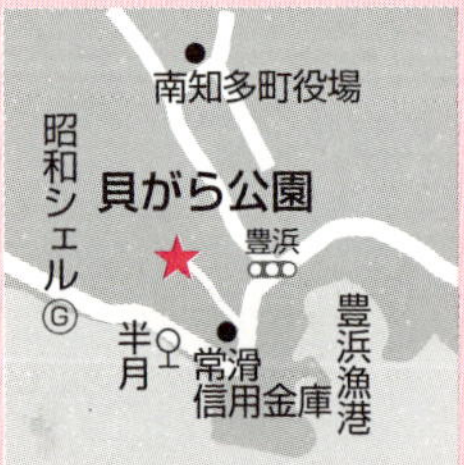

- 愛知県知多郡南知多町豊浜字半月
- TEL0569・65・0711（南知多観光協会）
- 無料
- 名鉄知多新線内海駅から師崎港行きバス。半月バス停下車徒歩15分
- 南知多道路豊岡ICから5分

もはやフツーの行楽・ドライブスポットに飽きちゃったというあなた！ちょっと勇気をふりしぼって、ここはひとつ貝がら公園に行ってみてはどーでしょーか…
ただし注意してほしい点があります
まず、入り口が見つけにくいので気を付けて！
カンバンが小さいので
車だと通りすぎちゃうよ
そして、10分ほどキッイ石段をのぼらなければならないので覚悟すべし！
その途中にある草ボーボーの公園を見てもビビらないように
なかなかすごいとこです
2代目園主の山本さんがいるかどうか確認し、いたらキチンとあいさつしましょう…
おじいちゃんです
なんじゃあ！
たとえ突然おこられても逃げ出してはいけません（追いかけられるかも…）
ども〜
カマ
龍神様の社
山の上のほこらに着いても安心してはダメですよ…
しばらく話をきいてみると…
あ〜今の若いヤツはハラ立ってくるんじゃ
べんじょに入るとクサイ！って言いよる。わしゃ、クソ持ってけ！ってどなってたるんじゃ…
ブツ
ブツ
しゃべりは1時間ノンストップ
この貝がら公園は山本さんのお父さんが20年がかりで完成させた究極の手作り公園。この思い入れたっぷりの場所を最近、若者たちが来ては、荒らしていくのだそうだ……
だんだん機嫌が良くなってきます
やがて…
山本さんはたった一人で毎日この山にのぼり、父の遺産を守り続けてるわけだ……
すごい人生だよなあ…
う〜む
公園内はうっそうと木々が茂っていて、その間から貝がらのオブジェが見え隠れしている。大昔の遺跡のような雰囲気だ……
クモの巣にも注意！
うわ〜
大砲には「若人よ、明治につづけ、ど根性」と書いてある
くずれかけてるけど
貝がらでスポンサー名が…
タイ型テーブル

そして、一番奥にはちょっとくずれそうで恐い見晴らし台がある。階段をのぼると…

うわ〜

高さ80メートルの山の頂上から見渡す海はとにかく絶景！来たかいあります
こりゃすげえ
誰もいないので、カップルにとってはかっこうのイチャイチャスポットなのだ！たぶん…

おい、若いの…

ほれ、持ってけ！

帰りにはおまもりをくれた山本さん…

ゴミとか置いてくなよ〜

ちゃんと龍神様に参拝してってよ〜

ホントはいい人だからさ

採点表

貝殻度★★★

オヤジ強烈度★★★

オーシャンビュー度★★

※1　「貝殻の形や色彩の美しさは自然物の中でも比類のないもの。貝類収集は現代人の最もノーブルな趣味と言える」とは日本貝類学会名誉会長・渡部忠重先生のお言葉。

※2　東海地方では他に、12ページでも紹介している「蒲郡ファンタジー館」が有名。サイケでファンタスティックな貝がらワールドが展開されている。

※3　園内では、創設者の祐一さんが天秤をかついで貝を運ぶ姿を描いたレリーフが見られる。ちなみに使用された貝の個数に関しては、良吉さんに「そんなもん自分で勘定しやぁええがや！」と叱られたので不明。

本物の「縄文人」が住む竪穴式住居！

縄文人の竪穴式住居（三重県一志町）

縄文人三四造《みよぞう》さん（※1）が縄文人デビューしたのは還暦間近のこと。

「もともと考古学に興味があったけど、偉い先生らが書いた本は、どれも〝～らしい〟とか推測ばかり。火をおこしたとか石の刃物を使ったとか、実際に体験してみんことにはホンマにできるかわからんわな。だったらワシがやってやろう、そう思ったんですわ」

会社を定年退職し、2年がかりでせっせとカヤを刈り集めて竪穴式住居を作り上げたのが平成元年。さらに2年後には弥生式住居も完成させた（※2）。

サラリーマン時代はいつもパリッとスーツで決めていただけに、三四造さんのあまりの変わりように周囲は大混乱。髪とヒゲは伸ばし放題、毛皮一枚でウロウロするその姿に、「山崎さん家のおじいちゃん、頭が変になってしもうた」と思った人も少なくなかったそうだ。

だが、その徹底したなりきりぶりに、今では専門家も「実践型の縄文生活研究家」と認めるほど。小学生らの課外授業の講師としてもひっぱりだこの人気者となっている。しばしば出演するテレビでは完全な色モノ扱いだが（※3）、実際に会ってみると、言うことはまともだし、住居にしても土器にしても作ってるモノの出来栄えがいちいちレベルが高い。単なる変人の道楽と思ったら大間違いだ。

本宅から自転車で竪穴式住居へ通い、土器や農作物を作りながら過ごすのが三四造さんの日課だから、訪ねていけばおそらく会えるハズ（※4）。にわかアウトドアマンやコスプレマニアなんかじゃとても太刀打ちできない究極の縄文人ライフに、思わず尊敬の念を抱いてしまいそう…。（ま、自分の父親が縄文人になったらかなりイヤですが）

- 三重県一志郡一志町大字井関
- TELなし※観光施設ではないため見学時間は「三四造さんがいる時」
- JR名松線井関駅から徒歩15分
- 伊勢自動車道久居ICから県道15号、43号線で約30分

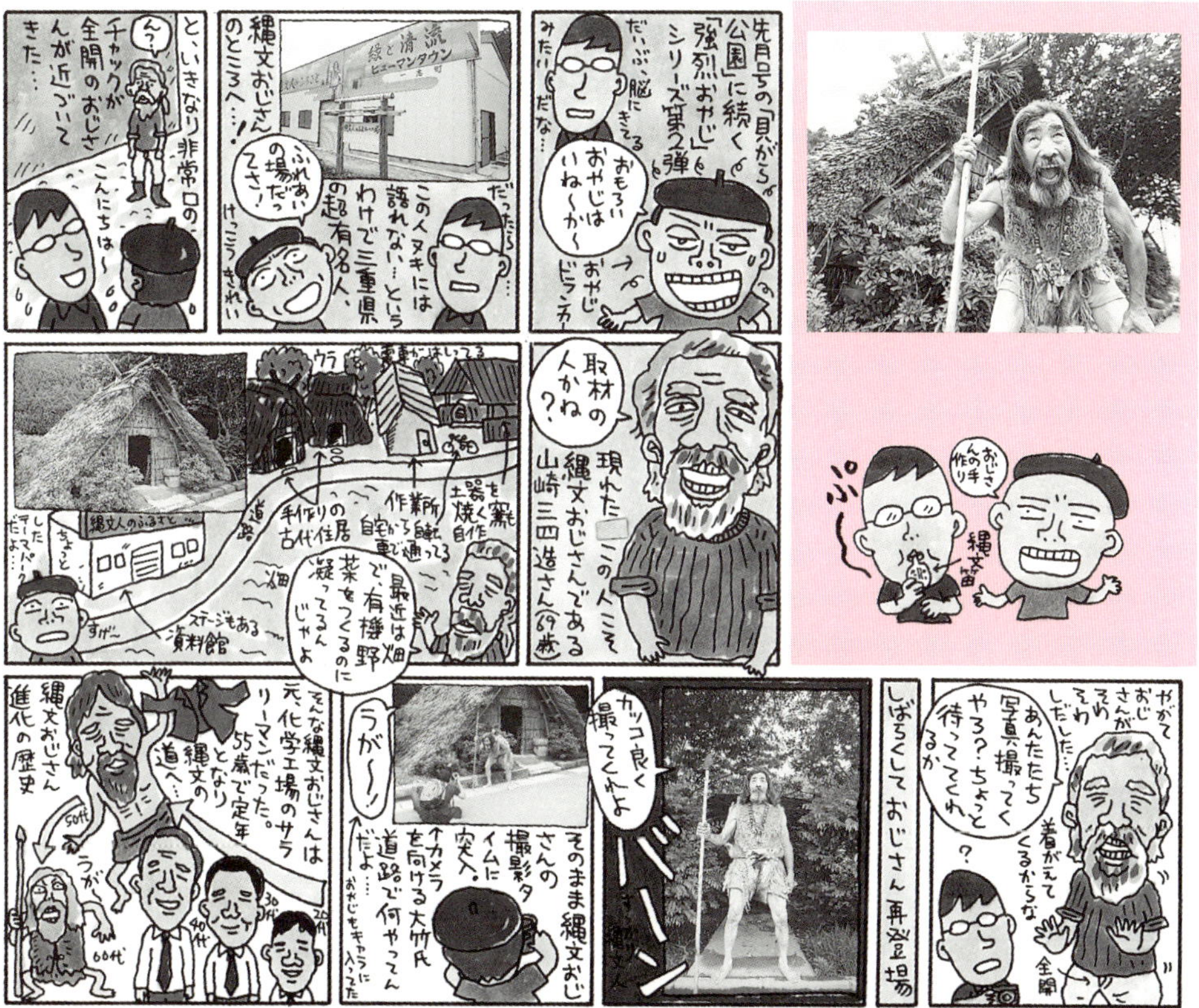

先月号の「貝がら公園」に続く「強烈おやじ」シリーズ第2弾
だいぶ、脳にきてるみたいだな…
おもろいおやじはいね〜かぁ〜
だったらこの人ヌキには語れない…というわけで三重県の超有名人、
縄文おじさんのところへ…!
縁と清流 ヒューマンタウン
ふれあいの場だってさ!
けっこうきれい
と、いきなり非常口の
ん?
チャックが全開のおじさんが近づいてきた…
こんにちは〜
おじさんの手作り
縄文笛
ぷ〜
取材の人かね?
現れたこの人こそ縄文おじさんである 山崎三四造さん(69歳)
ウラ
電車が走ってる
土器を焼く窯も自作
作業所 自宅から自転車で通ってる
手作りの古代住居
道路
畑
縄文人のふるさと
ちょっとしたテーマパークだよ…
すげ〜
ステージもある資料館
最近は畑で有機野菜をつくるのに凝ってるんじゃよ
やがておじさんがそわそわしだした…
あんたたち写真撮ってくやろ? ちょっと待っててくれるか
着がえてくるからな
?
全開
しばらくしておじさん再登場
カッコ良く撮ってくれよ
バーン
すっかり縄文人
そのまま縄文おじさんの撮影タイムに突入。
↑カメラを向ける大竹氏
道路で何やってんだよ…
おじさんもキャラに入ってた
うが〜!
そんな縄文おじさんは元、化学工場のサラリーマンだった。55歳で定年となり縄文の道へ…
縄文おじさん進化の歴史
20代
30代
40代
50代
60代
うが〜

そして、取材を終了しようとすると
いつもお別れのときにやってるのがあるんじゃが…
ということで資料館のステージへと向かった
縄文人の登場〜
一人芝居
うがー
↑自分で言う
突然大声でさけびながら一人芝居のような太鼓演奏がスタート!
なななんなの?
おーこんなところに太鼓があるぞ〜!
化研究会
ぶおふぉーふぉーい
オンステージは約10分続いたのだった…
イエ〜
完全に脳にきてた

採点表

オヤジ強烈度★★★
手先器用度★★★
独演会度★★

※1　名刺にも「縄文人三四造」と記されている。周囲の人々は親しみをこめて「縄文さん」と呼ぶ。本名は山崎三四造さん。

※2　費用はざっと700万円。これで退職金を使い果たした。平成10年には2棟の古代住居の横に鉄筋の資料館を新設。こちらは息子さんが建ててくれたと言う。

※3　毛皮や石ヤリは取材や講演用のいわばステージ衣装。これに着替えるとそれまでの温和そうな表情から、奇声を発して目玉をひんむく原始人に変身する。

※4　古代住居で寝泊りすることもあるが、普段は奥さんや孫と一緒に住む自宅へ帰宅する。ちゃんと家族や世間とコミットしてるところが、他の世俗を嫌って隠遁する変人じいさんらとは一線を画する。

古今東西の有名人が勢ぞろい

ろう人形美術館（静岡県伊東市）

テレビのキャラクターや人気タレントなどを人形化したフィギュア・ブームもすっかり定着しているが、元祖・フィギュアと言えばロウ人形。そのルーツは紀元前の古代バビロン時代にまでさかのぼることができるんだとか。

ロウ人形はそもそも歴史上の人物などをまるで生きているかのように本人そっくりに再現するモノ。したがって基本的に実物大。これがミニチュアのフィギュアとの一番の違いだ（※1）。

だが、あまりにも似せることを重視しすぎるとどうなるかっつーと、気味が悪くなるのですね、これが。かと言って似てない実物大人形ほど無意味なものはない。ここにロウ人形界のジレンマがある！…に違いない（だったら作らなきゃいいだけなんだけどさ）。

そこで、伊豆のろう人形美術館だ。ここの人形たちはわざわざメキシコの一流工房に発注し、平均して1年半から3年もかけて作り上げたモノばかり。お値段は1体何と数千万円。しかもこれが100体以上もある（ってことは人形の制作費だけで数十億円！マジ？）。医療用の義眼や人毛を使うなどパーツにもこだわりまくり。おかげでそのクオリティは全国屈指、すなわちどれもこれも似すぎて気持ち悪いほどの完成度を誇っている。とりわけ立体版『最後の晩餐』のリアルさと言ったら！よ～く見るとシワや血管の1本1本まで刻み込まれているんだから。恐るべし、メキシコの職人魂！（※2）

だが、そんな不気味なほどのリアルさを中和してくれるのが、安めの芸能人を随所に散りばめるミーハーぶり。諸事情により誌面で名前を公表できない人形もたくさんあるので（※3）、自分の目で確認されたし！

- 静岡県伊東市池674-1
- TEL0557・54・5555
- 9時～17時　無休
- 大人1000円、中高生800円、小学生600円（周辺のホテル・観光施設などに100円引券あり）
- JR伊東駅または伊豆高原駅からバスでシャボテン公園下車徒歩7分
- 東名高速沼津ICから1時間30分

ろう人形!
ポキッ
ろう人形というとやはりホラーっぽい雰囲気がつきまとうものです
「ろう」ってのがまた怪しい
古典的な恐怖映画にはろう人形がよく登場するし…
ビンセント・プライス主演、1953年の名作ホラー映画
肉のろう人形
むむ…
人形ってものは、リアルになればなるほど、怖いんだよね……不気味だもんなあ
うんうん
ろう人形館は全国にあるけど、質の高い人形があるところはかなり少ないみたい
コレ
ばっかり……
秘宝館ノリ
定番はやっぱりモンローね
そんな中でかなり高いクオリティを誇るろう人形館があると聞き、伊豆高原へ…
大室山のすぐ近くにある
外観は意外にモダンだ
伊豆まで来てろう人形かよ〜
チェッ
まずは入口の「びっくり人間」シリーズで軽くウォーミングアップ!
デブ世界一
世界一でかい人 2メートル70センチ
世界一小さい人 70センチ
人毛を使ってるそう
体毛ヤシワがすごくリアル!
そして、いよいよ館の奥へ。通路のガラスケースに歴史上の人物から、ミュージシャン、俳優がズラ〜っと並ぶ…
ミイラと思ったらガンジーだ
しかし、人選の基準がさっぱりわからんな…
↑ユル・ブリンナーとエリザベス・テイラー
←戦国武将たち。手前が信長
なぜか突然バカ殿
肖像権の問題で志○けんのタイトルは「おりこうな殿様」……
このセンスはいかがなものか
フ〜

と思ったらホラーのコーナーへと突入!
ちゃんと首が回転してる
エクソシストの人形はマジ怖
↑目玉は立体版最後の晩餐
↑足もととか超リアル!
館長と友人だった石原裕次郎といった正統派もあるが、タ○リや青○幸男が白雪姫をとりかこむ奇妙な人形もある
でも、一番すごいのは広報のゴメスさん(メキシコ人)のノリの良さかも……
ゴメスさんは人間です

採点表

人形度★★★
そこまでせんでも度★★
お金かかってる度★★★

※1　ただしフィギュアでも実物大モデルはある。岐阜と名古屋のアニメショップ「ペーパームーン」はエヴァンゲリオンの綾波レイをはじめ美少女キャラの1/1モデルをあれこれ作ってる。値段は20〜50万円台(!)

※2　他にもエリザベス・テーラーのオッパイやタイソンの腕周りや胸囲が本人とまったく同サイズだったり、『猿の惑星』の衣装は映画の撮影で使われた本物だったりと、細部にいたるまで異常な執念が発揮されている。

※3　ようするに肖像権の問題らしい。志○けんとかタ○リとかわかれば何てこたないんだけど。でも、○○○○だけは本当に伏せておいてくれと念を押された。人によってはその場にひれ伏してしまうかも…?

地獄めぐりの巨大洞窟

ハニベ巌窟院《がんくついん》（石川県小松市）

今回は、過去取り上げてきた素人アートスポットとはちとレベルが違う。何と日展などで入選・審査員歴もある一流芸術家が作り上げたれっきとした宗教&アートワールド。ハニベとは埴輪などを作る古代の職人、土部師《はにべし》からとったもので、現代のハニベ師とも言うべき彫塑家の故・都賀田《つかだ》勇馬氏が、昭和26年に作り上げたのがこのハニベ巌窟院なのだ。

全長数百mの洞窟の中には（※1）100体以上もの彫像が安置されている。薄暗い洞内はただでさえブキミだが、後半、地獄門をくぐったあたりからさらに怪しげなムードに。目玉の串刺しを肴に酒宴をくり広げる鬼たちや、鬼にキネで突かれ血みどろになった裸女、人をだました罰として目玉や舌をくりぬかれた男女など、かなりスプラッターな残酷グロテスクワールドがこれでもかとばかりに展開される（※2）。

このブッとんだ地獄絵巻の中で、ほどよいB級風味のスパイスを効かせてくれているのが、所々に展示された2代目院主による新作の数々。この伯馬氏、ワイドショーに多大な関心を寄せているらしく、横山ノック元大阪府知事や野村サッチー、毒入りカレーの林某など、下世話な時事ネタを精力的に作品化してくれている（※3）。

ちなみに入口正面のインパクト抜群の巨大な大仏（の顔）もこの2代目の作品。完成すれば高さ33mと日本一のジャンボ大仏になるハズなのだが、未完のままですでに15年以上ほったらかし（※4）。サッチーの彫刻なんか作ってる場合じゃないだろ！とツッこみたくもなるのだが、パンフレットを見る限り「日夜製作に専念」してるそうなので、建立の日を楽しみに待つことにしよう。

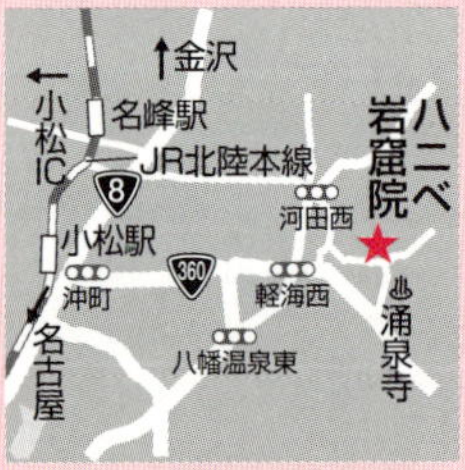

- 石川県小松市立明寺町イの1
- TEL0761・47・3188
- 8時30分～17時（12～2月は9時～16時）　無休
- 大人800円　小人500円
- JR北陸本線小松駅から小松バスハニベ行き終点下車。北陸自動車道・小松ICから約20分

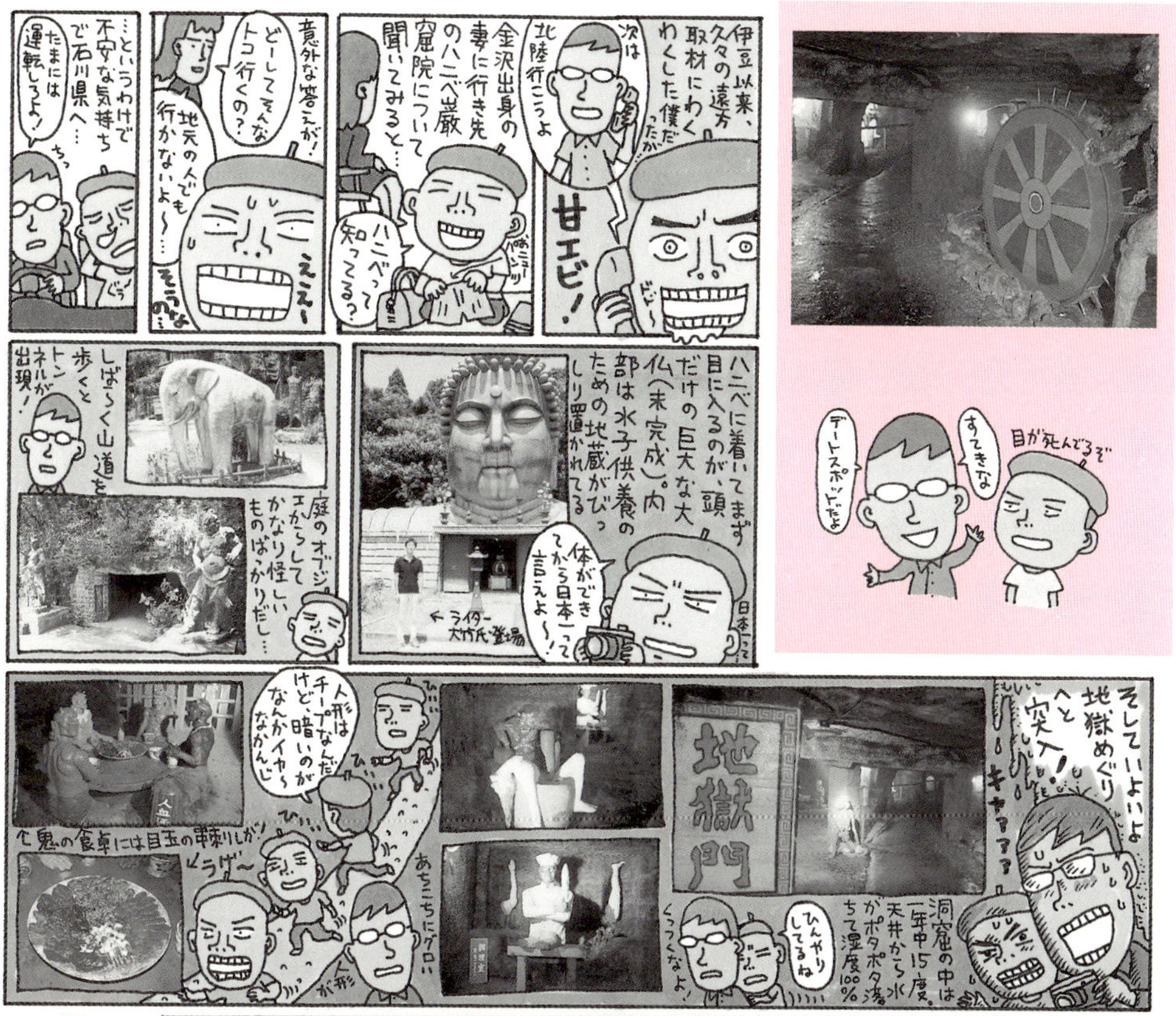

伊豆以来、久々の遠方取材にわくわくした僕だったが…
次は北陸行こうよ
甘エビ!
ドゥ～
金沢出身の妻に行き先のハニベ巌窟院について聞いてみると…
ハニベって知ってる?
意外な答えが!
どーしてそんなトコ行くの?
地元の人でも行かないよ～…
ええ～
そうなの…
…というわけで不安な気持ちで石川県へ…
たまには運転しろよ!
ちっ
ぐう
目が死んでるぞ
すてきな
デートスポットだよ
ハニベに着いてまず目に入るのが、頭だけの巨大な大仏(未完成)。内部は水子供養のための地蔵がびっしり置かれてる
体ができてから日本一って言えよ～!
日本一って
←ライター大竹氏登場
しばらく山道を歩くとトンネルが出現!
庭のオブジェからしてかなり怪しいものばかりだし…
そしていよいよ地獄めぐりへと突入!
キャアアア
洞窟の中は一年中15度。天井から水がポタポタ落ちて湿度100%
ひんやりしてるね
くっつくなよ!
人形はチープなんだけど、暗いのがなんかイヤ～なかんじ
ひぃぃ
あちこちにグロい人形が
↖鬼の食卓には目玉の串刺しが!
↙ラザ～

なかには
エロネタもかなり多いのがトホホ
巨大なイチモツを持ってて動けなくなった人とか…
しかし、なんていってもスゴイ!のが次々出てくるワイドショーネタ…
タイトルは「セクハラ知事ノックアウト」
なんじゃそりゃ……
↰サッチー地獄
↰ノーパンしゃぶしゃぶ地獄
他にも、毒入りカレー地獄、ゼネコン地獄、幼児虐待地獄とか…
うわ～
思いつきで地獄作るなよ～

採点表

穴度★★

スプラッター度★★

ワイドショー度★★

※1　かつては採石に使われた石切り場だったそう。洞内には「胸像製作ご注文を承ります」と書かれた看板も。こんなところで営業活動せんでも…。

※2　ちょうどこの原稿を書いてる途中、再放送していた『妖怪人間ベム』を見たんだが（放送禁止は解けたのか）、サイケデリックなデッサンやブキミなムードがここの彫刻群とそっくりだった。

※3　その他、幼児虐待地獄、銃乱射地獄、ゼネコン地獄などなど。ほとんどがここ数年のうちに作られたものとか。水たまりの中にはなぜかシーマンの彫刻も。

※4　昭和59年に頭部が出来上がったが、その後バブル崩壊の影響もあって作業は中断。完成した時のためにすでに山中に安置場所を造成してあるそうだが、一体どうやって山の上まで運ぶのか？　現時点で高さ15mもあるのに。

機体の数は民間では日本一！

喫茶　飛行場（静岡県浜松市）

大空に向かい機首をもたげたジェット機の雄志が、駐車場に入るなり視界に飛び込んでくる喫茶・飛行場。のけぞりつつも辺りを見回すと、他にも翼をもがれた機体がゴロゴロ。あまりにも無造作に放置（?）されているので、素人目にはちょっとスクラップ化してるようにも映ってしまうが、マニアに言わせると「博物館以外でこれだけの機体が集められているところはないハズ」とのこと。墜落した飛行機の残骸なんて間違っても思っちゃいけない、ここで見られるのは日本一の飛行機コレクションなのだ。

子どもの頃から飛行機好きだったと言うマスターの中村義久さん（46歳）が、この店をオープンしたのは昭和62年。

「最初は実物大の飛行機の模型を作ろうと考えてたんです。でも、偶然、鉄クズ屋の空き地に機体が置かれてるのを見つけてね。それを買い受けて、友人に組み立ててもらったんですよ」

その後、航空マニアたちが（※1）「置くところがないからオレの飛行機も預かっといてくれ」と機体を持ち込むようになり、お宝満載の現在の状態になってしまったんだと言う。（※2）

店内にもパイロットのヘルメットやら計器盤やら実際に座れる操縦席やら貴重なパーツがびっしり。だが、これほどディープなのに、なぜか濃ゆい雰囲気はなく、ごく普通のお客さんが飛行機なんかには目もくれずスパゲティやオムライスをほおばり（※3）、中村さんも決してウンチクを披露したりせず、ただニコニコとフライパンを振るっている。展示品はとびきりレアなのに常連は無関心。マニアとノンケの不思議な共棲が成立している、ある意味、超珍しいマニア系ショップと言える。

- 静岡県浜松市入野町4702-16
- TEL053・448・5679
- 11時～23時　水曜休
- JR浜松駅から遠州鉄道バス、入野東下車徒歩３分
- 東名高速浜松西IC30分

ゴーーッ
でかっ
名古屋空港の近くを通ると、ジャンボジェットが巨大に見えて、妙にドキドキすることがあるが
何回見てもびっくり
浜松市にある「喫茶飛行場」のマスター中村義久さんも、近くにある航空自衛隊に発着するジェット機に夢中になっていた、ごくフツーの少年だった
キィィーン
おかしー
やがて自分のお店をオープンするときに思いついたのが…
実物大の模型ジェットを作れば店の看板になるぞ
そうだ!
そんなとき、たまたまスクラップの機体をゲット 次々と集まっていき……
マニアは深い
ブーン
キィィーン
今ではとうとう
店のまわりはジェット機だらけに!
(すべてホンモノ)
あちこちに燃料タンクやタイヤ、コックピットのメーターなどが無造作に置かれてる
すごい
航空マニアにはたまらんっす!
運搬費を含めて、ナント これ1機700万円かかってる
わーい!
でっかいプラモ!
ボンド
完成機のひとつはスクラップを150万円で引き取り、バラバラの部品を、プラモデル好きの知人が7か月間毎日通って組み立てたもの
究極のプラモだよな
で、店内はというとすごく明るくてフツーの喫茶店って感じ…
飛行機の写真だらけ
家族連れ
カップルも多い
しかし、月に1回の航空マニアの会合に集まるメンバーはかなりスゴイ…
①自分の車に無線機を積み、仕事中も飛行場の通信を傍受していて…
おっ?
②珍しい飛行機が着陸することがわかると、現場に急行
③仕事そっちのけで、撮影をしてるそうだ
さすがマニア!!

623
201

採点表

航空マニア度★★★
スクラップ化度★★½
コネ侮れん度★★

1枚30円ね
店内には常連客が撮ったナマ写真も売られている
30円
その写真を見ていて不思議なことに気がついた…
あらっ?
飛行機を真横から撮った写真がチラホラあるのだ
あー
それは…
マニアの人たちがコネを駆使して、自衛隊機に乗せてもらって、並行飛行しながら撮ったんですよ…
そこまでやるか!!
すごすぎ
うわっ
カシャ
すごいッ!
ゴー

※1　航空ライセンスを取得するには約400万円かかり、日本では高嶺の花。費用が1/4で済む海外へわざわざ取りに行く人もいるらしい。

※2　展示されている機体やパーツはすべて自衛隊機のもの。自衛隊の飛行機は引退後は基地内で解体され、バラバラにされた後に入札式で払い下げられる。マニアはそれを手に入れるのに血道をあげるのだ。

※3　メニューは約360種類もある。取材時オムライスを食べたがボリューム満点でうまかった。マニア道ばかりに突っ走らず、喫茶店としてやるべきことはちゃんとやってるのがエライ。

100万円の衝動買い（?）

美宝堂の金ピカVIPルーム（名古屋市）

東海エリアではテレビの名物CMですっかりおなじみの美宝堂。高級時計や貴金属の専門店にして、いつかはロレックス、と夢見る庶民にとってもありがたいお値打ち価格が何よりのウリ（※1）。だが、その奥には100万円以上の商品をお求めのお客しか通されないVIP限定の商談ルームが隠されていた！

室内は壁からインテリアの数々までオール金ピカ（※2）この〝空間まるごと金本位制〟とも言うべきまばゆさに、足をふみいれたとたんにフラッと目まいが。さらに金のカップでコーヒーを出され、キンキラキンのコスチュームのお姉さんにニッコリ微笑まれたら、もう夢うつつ。100万円くらいポンと出したるわい！って気になってしまう。あれば、の話だけど。

確かに、どうせ100万円も買い物するんだったら、こんなストレートな成金趣味的もてなしでにわかゴージャスな気分を満喫させてもらうのも悪くない。この冬はゴールドが流行りモノらしいから（連載当時＝平成13年）これはこれでトレンディだし（?）、何より21世紀最初のぜいたくが金づくし、というのはオメデタイことこの上ない。

そんなお金はないって人も、買うそぶりを見せれば通してもらえるので、タダで金の輝きだけたっぷり浴びちゃうのもアリ。ただし、日ごろ金に無縁な人は、金のカップやゴルフクラブを眺めては「コレいくらすんのかな〜」とついついセコいソロバン勘定をしてしまい、貧乏性をさらけ出すのがオチ。

甲斐性なしの僕ら2人も、分相応の環境に順応できず、そこはかとなくダウナーな気分にひたりながら家路についたのでした。とほほ。

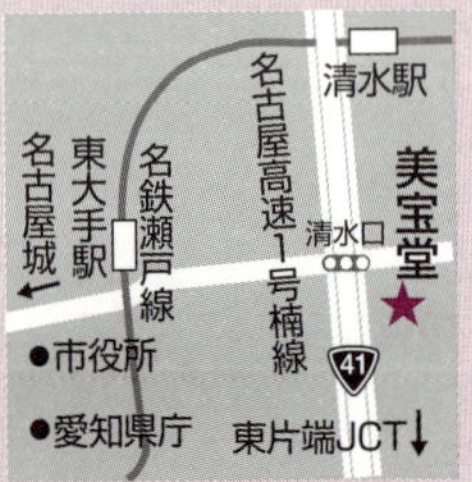

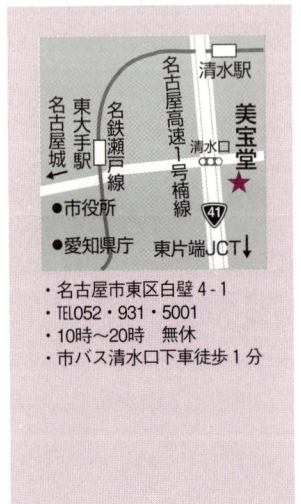

・名古屋市東区白壁4-1
・TEL052・931・5001
・10時〜20時　無休
・市バス清水口下車徒歩1分

名古屋のお茶の間で誰もが必ず一度は口にしたことがある話題……
なんとなくテレビ見てるときに……
美宝堂の男のコって大きくなったな
ナゴヤ清水口の〜
CMシリーズはすでに60本以上
そ、そうね
このようにして、名古屋人は好むと好まざるとにかかわらず…
どーぞー
美宝堂へどーぞー
なぜか美宝堂の社長の孫の成長を見守っている(見守らされている)わけである…
おぼっちゃま、大きくなって
ううう…
そんな美宝堂に金ピカのVIPルームがあると聞き、さっそく現地へ
なんか入りにくくてさあ…
ぼくも
いらっしゃいませ〜!!
98年の夏に金ピカの部屋ができ、そこを商談などに使ってるんですよ
本部長の長瀬さん
どーぞ
キラリン
金色にペイントしたパソコンもあるぞ…
そこまでするか
まるで007の悪役がいそうなゴージャスな部屋だ…すごい!
金のゴルフクラブ
金のひょうたん
金のペン立て
金のまねき猫
金のかがみ
しかし圧巻なのは…
デスクの上は金だらけ
うっ
キラ
キラ
キラ
金ピカコスチュームの店員さんたちだ
やっと興味をしめしている
うむ

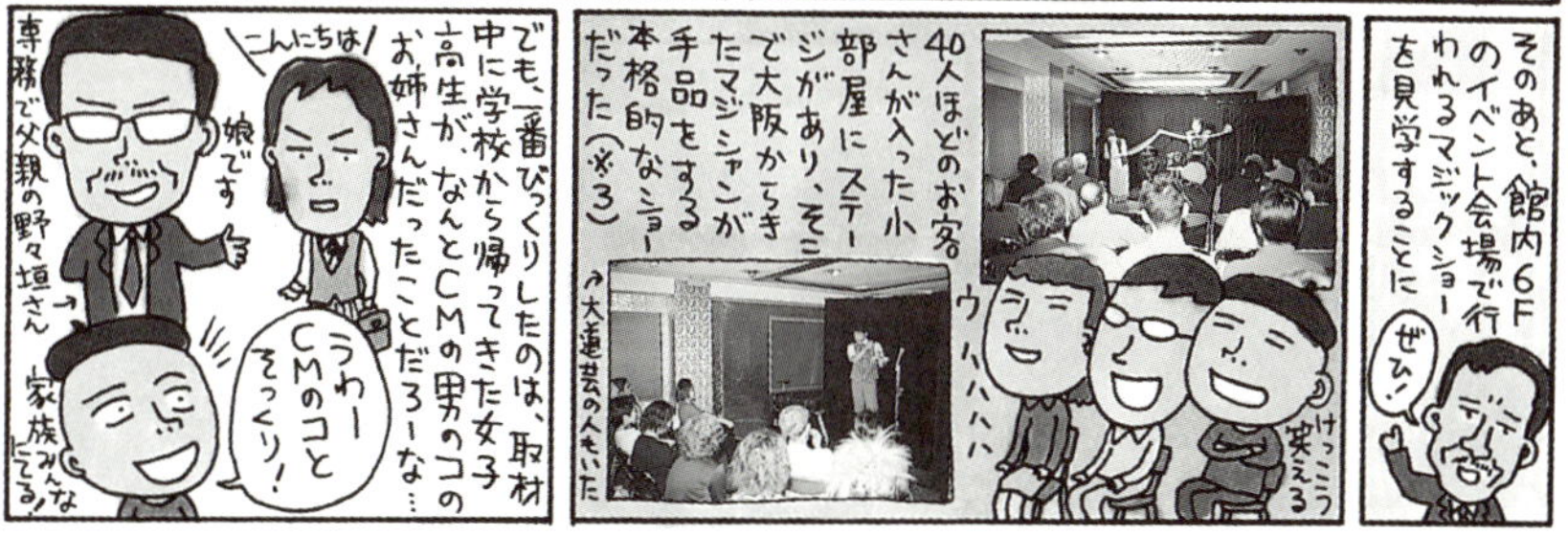

そのあと、館内6Fのイベント会場で行われるマジックショーを見学することに
ぜひ!
40人ほどのお客さんが入った小部屋にステージがあり、そこで大阪からきたマジシャンが手品をする本格的なショーだった(※3)
大道芸の人もいた
ウハハハハ
けっこう笑える
でも、一番びっくりしたのは、取材中に学校から帰ってきた女子高生が、なんとCMの男のコのお姉さんだったことだろーな…
こんにちは!
娘です
専務で父親の野々垣さん
うわーCMのコとそっくり!
家族みんなにてる!

採点表

金ピカ度★★★
庶民には縁遠い度★★
お色気度★

※1　美宝堂は金ムクのロレックスを日本で最も売る店のひとつとしても有名。金シャチの町、名古屋の人たちはやっぱり金がお好きらしい。

※2　何とパソコンや電話機、電卓も金ピカ！　実はこれは専務さんが自分でペイントしたものとか。取材当時はカーペットのみ白だったが、その後これも金色のものに貼り替えたとのこと。怖るべし完璧“金”主義！

※3　マジックショーは美宝堂金の間にて不定期開催。

化石と宝石とUFOで舞い上がる

七福神センター&コスモアイル羽咋（石川県七塚町&羽咋市）

「カニ食べ行こう～♪」と冬こそ旬の日本海。旅の珍味、バカルトスポットもかなりオイシイ施設が目白押しだ。

能登有料道路をトバしていると突如ドッカ～ンと現れる巨大な竜。これが「七福神センター」の目印。近づいてみると、宝船をかたどった単なるドライブインのレストラン…。だが、併設して本物の化石が多数見られる恐竜博物館（※2）、宝石庭園、宝飾品が市価の半額で買える宝石センターなどがあり、幅1・5mの巨大勾玉や1個ン千万のヒスイ彫刻、宝石の貼り絵の肖像画など、ゴージャスな展示品の数々はゲップが出るほど。お宝満載、おめでたいづくしのミニテーマパークとなっている。（でも、結局一番スゴいのは竜のデカさだったりするんだが）

お次はさらに無限大のロマンを求めて「コスモアイル」へ。ここは「UFOの町」として町おこしを目論む羽咋市のイメージを決定づけるミュージアム。あのガガーリンが乗った宇宙船のカプセルやロケットなど本物の激レア宇宙機材が多数展示される他、世界中の円盤の目撃写真が見られるデータベースもかなり面白い。UFO研究家でもあるスタッフの高野誠鮮さん（※3）は、「アメリカではUFOという現象は『ある』ということでとっくに解決がついてるんです。ただ宇宙人が乗っているという証拠がないだけで。テレビのコメンテーターが科学的知識もないバカばかりだから信憑性が薄れてしまうんです！」と力説し、彼が集めた国会図書館にもないFBI情報の数々は超常系マニアなら必見だ。

キャッチフレーズの「宇宙の出島」もかなり本気。市内では目撃情報も多いらしいから憧れのファーストコンタクトが体験できるかも!?

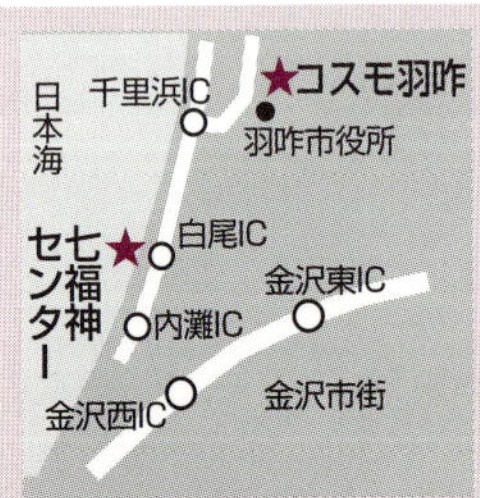

七福神センター
- 石川県河北郡七塚町字白尾ム1-5
- TEL0762・83・5353
- 9時～16時30分　無休
- 大人700円　小人350円
- 七尾線宇野気駅下車徒歩20分

コスモアイル羽咋
- 石川県羽咋市鶴多町免田25
- TEL0767・22・9888
- 9時～17時　火曜休
- 大人800円　小中学生400円（宇宙科学展示室入場料）
- 七尾線羽咋駅下車徒歩8分

実はオレたちも‥‥
パコッ
パカッ
宇宙人っていうと、子供の時に読んだUFO本の中にあった巨大ロボット型宇宙人の目撃例がイラストになってたが‥‥こんなのと突然出会いたくないよな
（体長3メートル森に浮かんでた）
うわーーん
幸いにもボクはUFOも宇宙人も見たことはないけど興味はすごくある
会社員時代にみんなが宇宙人って呼んでる女の人には会った
あの〜 ※？△○☆×
ねぐせアンテナ→
？
というわけで今回はUFOミュージアムがあるという石川県へと向かった
（またしても大竹氏が3時間運転‥‥）
ボクはねてるだけ
わー
※1と、有料道路にいきなり現れた巨大なドラゴン・ヘッド！
ゴージャスな宝飾品にまざってこれまたゴージャスな恐竜の化石がゴロゴロ‥‥
↗※2 巨大な勾玉↓
うーん よくわからんドライブインだな‥‥
そして、いよいよコスモアイルに到着
↓キャラクター
UFO
宇宙科学展示室には本物のボストーク宇宙船などがあって、びっくり！
こりゃすごいよ〜
オ〜!! 2001年宇宙の旅だな
←UFOの写真
パソコンで全国のUFOの目撃例や写真が検索できるシステムもある
おもしれ〜
しかし、もっとすごいのが資料室‥‥
スタッフの高野誠鮮（じょうせん）さんが熱く語ってくれた

↗ロズウェル事件を再現したTV番組に使われた人形
有名なFBIのXファイルをはじめ米軍の公式文書や国連での会議記録などがそろってるのだ
有名なUFOの写真もファイリング
実は、この羽咋市はUFOの目撃例が多く、不思議な伝説もあるんですよ‥‥と高野さん
科学的にもUFOの存在は実証されてますからね‥‥
ほー
お話その1
6、7年前、真夜中に工事の光がまぶしい、という苦情が役所に殺到。もちろん工事の事実はなく、目撃情報を整理したら、800メートルから1キロメートルの巨大な円筒状の物体の窓の光だったとのこと。UFOの母船だったのかも‥‥
山の方に浮いてた
お話その2
この地方の山間部では昔から「鍋降りの伝承」があり、子供が早く家に帰らないと、空から鍋が降りてきてさらわれる、という伝承が語りつがれてるそうだ‥‥
そりゃぜったいUFOだよ
断言！

採点表

超常度★★★
眉つば度★★
竜デカすぎ度★★★★

※1　竜は高さ17m。ウロコだけでも幅1.5mもある。山梨県で宝石加工工場を営む社長さんが「芸術作品のつもりで！」作ったという力作だ。

※2　目玉は全長13mのエドモントザウルス。完全骨格の常設展示は日本でここだけで、お客がされるようなオープンな展示姿勢に専門家は思わずのけぞるとか。

※3　UFO通として知られる元筋肉少女帯の大槻ケンヂの『オーケンのほほん日記』にも登場する（新潮文庫・243ページ）。この取材直後、大槻氏に会う機会があったので「僕も高野さんに会いました」と話したら、ニヤリと意味深な笑みを返された。

天守閣なのに養鶏場？？？

三州碧城《さんしゅうみどりじょう》（愛知県碧南市）

　男たるもの誰しも夢見る一国一城の主。だからって文字通りお城を建てたいとは普通考えないものだが、世の中、比喩をそのまんまの意味で受け止める純粋なお人も稀にいる。横山睦司さん（58歳）もその一人。平成3年、その名も三州碧城を築城した（※1）。

「先祖が加賀百万石の前田藩の筆頭家老だった、という話を子供の頃から父にいつも聞かされてたもんだから、〝よし、いつかはオレも！〟と思ってね。小学4年生の時に決心して以来、大人になってもずぅ〜っと〝城を建てるゾ〟って言い続けてたんですよ」

　和菓子の露天商からスタートし、49歳の時についにその夢を実現。立身出世の末にお殿様となったのだった。

　完成までには1年8カ月と8億円を費やした。もちろん、大工さんらも城を作るなんて生まれて初めて。石垣や瓦にこっそり自分の名前を彫り残したり、タイルを納入しただけなのにいまだに「オレもあの城にかかわったんだ」と自慢話してたりする人もいるとか。やっぱり日本男児にとって、お城はロマンの対象なのだ（※2）。

　お城は1階が和菓子屋「両口屋」店舗、2階が作業場兼事務所、3・4階が住居。5階の天守閣はもともと展望スペース兼休憩所として一般に開放していたが（※3）、数年前からご主人がウコッケイ育成にハマってしまったため今では鳥小屋だらけですっかり養鶏場状態になっている（※4）。

　とは言え、今でもお店の人に声をかければ天守閣へ登らせてもらえる。ちょいと鳥臭くて少々狭いが、燦然と輝く金のシャチホコを見上げ、三河平野に広がる城下町を見下ろしながら、しばしお殿様気分を満喫してみては？

- 愛知県碧南市松本町36-2
- TEL0566・41・5558
- 8時〜19時30分（火曜は17時まで）第1・3月曜休
- 名鉄三河線碧南中央駅から徒歩5分
- 知多半島道路阿久比ICから衣浦大橋経由で約30分

織田です
家康です
ときどき意外な人が城にメチャ詳しい「城マニア」だってことあるけど…
実は犬山城って日本最古の天守閣建築で、またの名を白亭城といって…
知って知ってる??
知ってる?
オヌシ…
が、この碧南市の和菓子屋さんの城へのこだわりはレベルが違うのだ
現在58歳
横山睦司さん
小4から城を建てるって言い続けてたもんだからねえ…
49歳のとき本当に城を建てたらみんなびっくりよ!
すごい!
ドーン
マイ城だな
コレが
8億円かかったよ…でも建設会社がだいぶ負けてくれたんで感謝しとる
わしゃ感謝するときには感謝する人間なのよ。コレがオレのいいところ
ここ書いといてよ
うははは
はい…
しゃべりまくり
ユFの店内にはオリジナルの和菓子がいっぱいなんだけど…
ん?
見なれない健康食品がかなりのスペースを占めている
なぜ?
今はコレにハマってんの
まんじゅう屋ならではの調合技術を使ってね
オレが成分の配合を研究して商品化してんの
ケンコーコー プロミネラン
熱帯のヤシの木からとれる糖分を使用…
その後、2時間コレの話
なんと、城の天守閣はウコッケイが180羽いる!
空中養鶏場だな
そのウコッケイの卵を使ったカステラがコレ
高いけどおいしいよ!

ウコッケイは改良に改良を重ね、本来の原種に近い特徴が見られるようにまでなったそうだ
卵は店で販売もしている
足の指が1本多い
そんな多忙な横山さんの楽しみは、ひとり仕事の合間に天守閣から街を見下ろすこと…
やっぱりオレの城やと思うと
気持ちえーからな
実は横山さん、特注のド派手なスーツ姿が有名なのだが…
ちょっと着てみてくださいよ〜
テレビの取材じゃないと着んのじゃ!
…とのことですのでここはひとつイラストでガマン
わーはっはっ
天下とったり!
三州碧城
トホホ

採点表

お殿さま度★★★
散財度★★★
ウコッケイ度★★

※1　テレビの「大金持ち大集合」みたいな企画だと、全国各地の「Myお城」を作っちゃった成金オヤジが必ず登場する。
※2　名古屋城の石垣にも当時の職人の屋号のマークがあちこちに彫られている。
※3　鳥小屋を作る前は地元の小学生の遠足コースになっていた。平成11年まではラドン温泉施設を作って無料で開放。庶民思いのお殿様なのだ。でも、残念ながら温泉はマナー知らずの利用者が多かったため現在一般利用は中止。
※4　ウコッケイの卵を使った「ケンコーコーかすてら」2200円は両口屋の名物商品。1本購入したがコクがあってうまかった。

すべてはここから始まった！

元祖国際秘宝館（三重県玉城町）

　珍スポット愛好者にとって秘宝館は原点にして聖地。暴走する美的センス、高度成長期ならではのみなぎりすぎたパワー、常軌を逸した財力の注ぎ込みぶり、止まった時間の中で熟成されゆくペーソス…。バカルトに必要なもの、それはすべて秘宝館の中にある！

　そして、全国各地にあった秘宝館の文字通り元祖がここ。もともとは初代館長・松野正人氏（※1）がコレクションしていた性にまつわる世界の民芸品の展示スペースとして昭和47年にドライブインの一画にオープン。ほどなく10数億円（！）をかけて現在のアラブ宮殿風の姿に増築すると大ブレイクし、最盛期には１日２０００人以上が押し寄せたという。このヒットに便乗して全国に次々と類似施設が作られ（※2）、秘宝館は昭和ニッポンの観光地のシンボル的存在となったのである。

　館内は１００体以上ものロウ人形や動物のハク製たちがくんずほぐれつの嬌態をくり広げるまさにエロのテーマパーク。「アッハ〜ン」とお色気ムンムン（？）の音響に合わせてピストン運動する実物大人形や、出演者の顔が識別できないほどテープがすり切れた名作ポルノ劇場、ヌードピンナップの切り抜きがくるくる回るだけののぞき穴（これで１００円取る！）、濁ってよく見えないクジラの性器のホルマリン漬け、そして超目玉の馬の交尾ショー（※3）など脳みそがへろへろになりそうなアトラクションが次々に現れる。

　故障箇所は放置されたまま、写真は色あせまくりと着実に進む枯れっぷりが哀愁を誘うが、そんなリミットすれすれ感も重要な味わい深さのひとつ。施設丸ごと激レア物、昭和の偉大なる遺産は今見ておかないと絶対損するゾ。

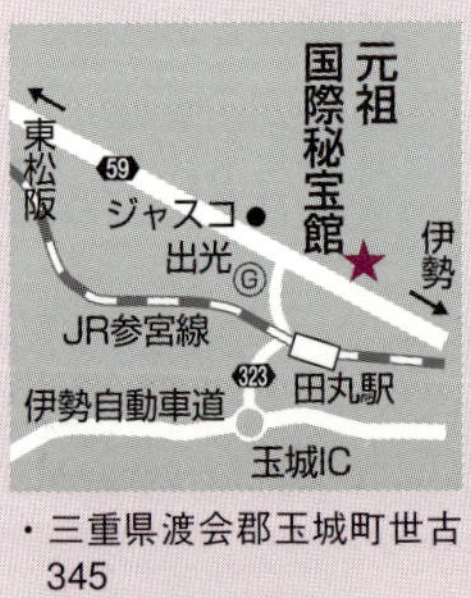

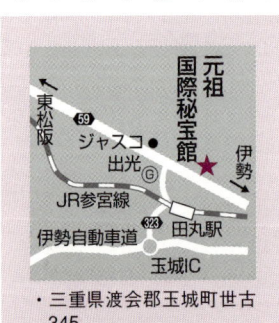

- 三重県渡会郡玉城町世古345
- 0596・25・2456
- 9時〜20時　無休
- 2100円
- 近鉄伊勢市駅から三交バス、世古下車すぐ
- 伊勢自動車道玉城ICから15分

その日の朝のこと…
ハロ〜
今日の取材さあ、ゲストが来てくれることになったからね
ゲストってだれ？
名古屋のタレント、福田知鶴さん。同じじさらんで連載してる…
知、知ってるも何も…
知ってるよね
え
わしゃ大ファンですばい！
福田さんは名古屋きっての名レポーターですばい！「興味の生ルツボ」「そこ知り」とか…
ヨメもファンじゃ！
どーしても同行したいって、編集長にお願いしたんです。よろしくお願いしまくす
こんにちは〜
タレントさんと車でドライブなんて…
すっごいドキドキ
ゴーカゲスト登場！
ヤッタ!!
…そしたら、そこのオヤジがめちゃくちゃやばい人でさあ…まいった〜
わははは
普通、バカルトの取材はライターとイラストレーターの男ふたりのボ〜ッとした道中なので
女のコがいるだけで…
すごく楽しいよね…
すごく新鮮…
ホンワカ〜
ホン
ワカ〜
そして秘宝館へ!!
♪見たか〜聞いたかあ〜伊勢の国〜♪
秘宝おじさん
入り口でお金を払うと（高すぎる！）「性愛学指導員え証」というカードをもらう
いきなり色あせたパネル
なんじゃこりゃ
いいね〜
うお〜
さらに妄想世界がひろがり…
さすが元祖！すごい秘宝テイストだ!!
ほとんど悪夢の世界へ
うわ〜

しかし福田さんはまったくめげる様子もなくすごい元気！
カオを出すと人形の男女がHしてる撮影ボードでノリノリポーズをとってくれたり、いろいろな展示器具をさわってみたりと、さすがレポーターのプロ！ポイントついてます!!
ウォー
ぴんぼけてました!!ごめん
キノコの村は大さわぎってか！
ちょっとてりました
ウィーン
ボタンを押して
100円
ボタンを押すとバイブが動く
うははは
今世紀最大の話題！馬の交尾ショウ!!
BIG HORSE SHOW
しかし、さすがの3人も馬の○秘ショーですっかり脳がヘロヘロ状態に…
ブヒヒ〜ン
でも福田さん帰りに秘宝おじさんTシャツ買ってた
また行きましょうどっか
ちょっとしんみり…
完

採点表

下ネタ度★★★★∞
ハク製度★★
朽ちかけ度★★

※1　故・松野正人氏（平成元年没）は貝細工製造からスタートして一代で財をなしたヤリ手実業家。鯉や馬とも性交したことがあるという（！）常識破りの性豪だった。性の達人として『11PM』にも出演していた。

※2　性をテーマとした秘宝館は昭和50年代には全国に約20箇所もあったと言う。が、徐々に時代遅れになってしまい軒並み閉館。他に現存するのは熱海の秘宝館など数カ所。元祖国際秘宝館直系の姉妹館であった鳥羽ＳＦ館も残念ながら平成12年5月で閉館してしまった（鳥羽館は規模は小さかったが、超ブッとんだサイバーＳＦエログロワールドが実物大ロウ人形で展開され、これはこれでスゴかった。残念！）。

※3　本来馬の発情期は決まっているが、初代館長が研究の末に年中発情させることに成功、専門家も感嘆したとか。人間に応用すればバイアグラをしのぐ大ヒット商品になると思うんだが…。

激レア玩具は名物オジさんで面白さ倍増！

懐かしいおもちゃの館（岐阜県丹生川村）

　ウルトラマンや仮面ライダーの人形、ブリキのミニカーなどの懐かしいおもちゃ。最近ではコレクターズアイテムとして珍重されているが、そんなマニアたちが見たらひっくり返ってしまいそうな激レア品の宝庫がココ、「懐かしいおもちゃの館」。明治〜昭和40年代のモノまで約3000点もの逸品がズラリ展示されている。ジャンルはヒーローのフィギュアから乗り物、店頭用キャラクター人形まで幅広く、マニアならずとも文句ナシに楽しめる。

　実はここ、施設は村営だが展示品はすべて1人のコレクターの私物。その持ち主こそが高山の名物オジさん、小林修二さん（54歳）だ（※1）。

「ここで公開してるのはごく一部。全部で2万点くらいはあるよ」と豪語する小林さんの本業は理容師さん。高山市内にある理髪店文助もおもちゃや人形だらけでほとんど資料館。おまけに隣にある民宿の食堂も壁中、数百体の人形に覆い尽くされている。

　等身大ポップのコレクターとしても日本一と言われ、「アイドルからオカマまで」400体以上を所有。収蔵用の2件の〝別荘〟はすでに容量オーバー寸前で、収集しすぎて収拾つかない状態になっている。あまりにジャンルが幅広いので一体何を基準に選んでるのか疑問だが、本人いわく「パッと見て気に入ったらアタックするだけ。女をくどくのと一緒や。男はハンターやからな」。放蕩者にふさわしい味な名言連発で楽しませてくれる。（※2）

　旅行中の女性が通りかかると散髪中のお客をほったらかしにして高山案内してくれることでも有名なので（※3）、秘蔵コレクションを見せてもらいたい時はわざとナンパされてみよう（※4）。

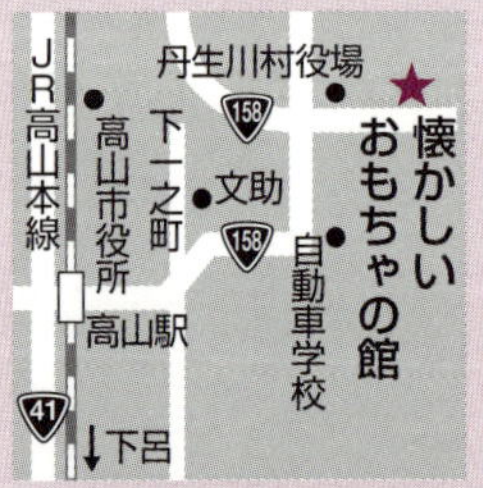

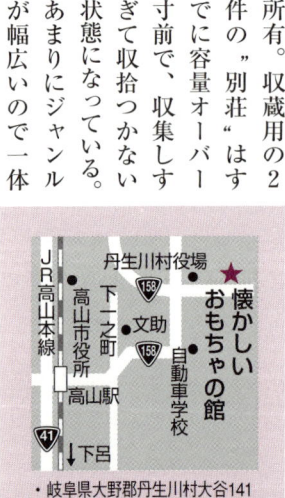

- 岐阜県大野郡丹生川村大谷141
- 0577・78・1558（丹生川村役場教育委員会）
- 9時〜16時　水曜休（12月下旬〜3月末まで冬季閉鎖）
- 500円（荒川家住宅共通）
- 高山駅から濃飛バス新穂高平湯線大谷下車徒歩3分
- 高山市街から国道158号で平湯方面へ約15分

ブーン
イヤー
ぼくのウルトラマンかえして～
このコーナーでは今までいろんな名物おじさんを取り上げてきた。そんなおじさんたちに共通するのは、とにかくものスゴイ密度の濃い生活を送っているってコトなんだよね
うが
三重の縄文おじさん
おじさん研究家
フツーの人の5～6倍の濃縮された人生を送ってるんだ つまり…
ボ～っとしてるヒマなんてないんだなあ
今回登場するおじさんもかなりの濃縮人生を生きている人物
2万点ものアイテムを所有する高山市の超有名人、小林修二さんだ
この前もテレビ局が来てなにやら撮影してったよ ハハハ…
まずは村営の「懐かしいおもちゃの館」を見学…
なんでも鑑定団の北原も持ってないのいっぱいあるよ!
近代電気
うわ～
ここではレトロなおもちゃや人形など3000点を展示している
小林さんは奥さんの運営する民宿のとなりに自分の店をもっている
どんな髪型でもいいからかって!
そういうお客さんが多いそうだ
実は理容師
店内にもコレクションがいっぱい。しかも自分で作ったオブジェもある
龍は3か月もかかって紙ねんどで作ったもの
このたとえ多し
モノ作りは女くどくのといっしょ・カンだからなー
しばらくすると説明するのにあきたのか、自分がFM番組に出たときの録音テープを聞かせてくれた……
いいこと言ってるんだよなオレって…
カチャ
オレのコレクションは一時あずかり所なのである
モノの歴史の中で今は「オレの」だ!って言ってるだけ
日本一とか関係ない
少年時代は貧乏で何も買えなかった
それでも幼稚園のときから石コロを集めるコレクターだった
やっぱり古いものは味があってイイんだよなあ～

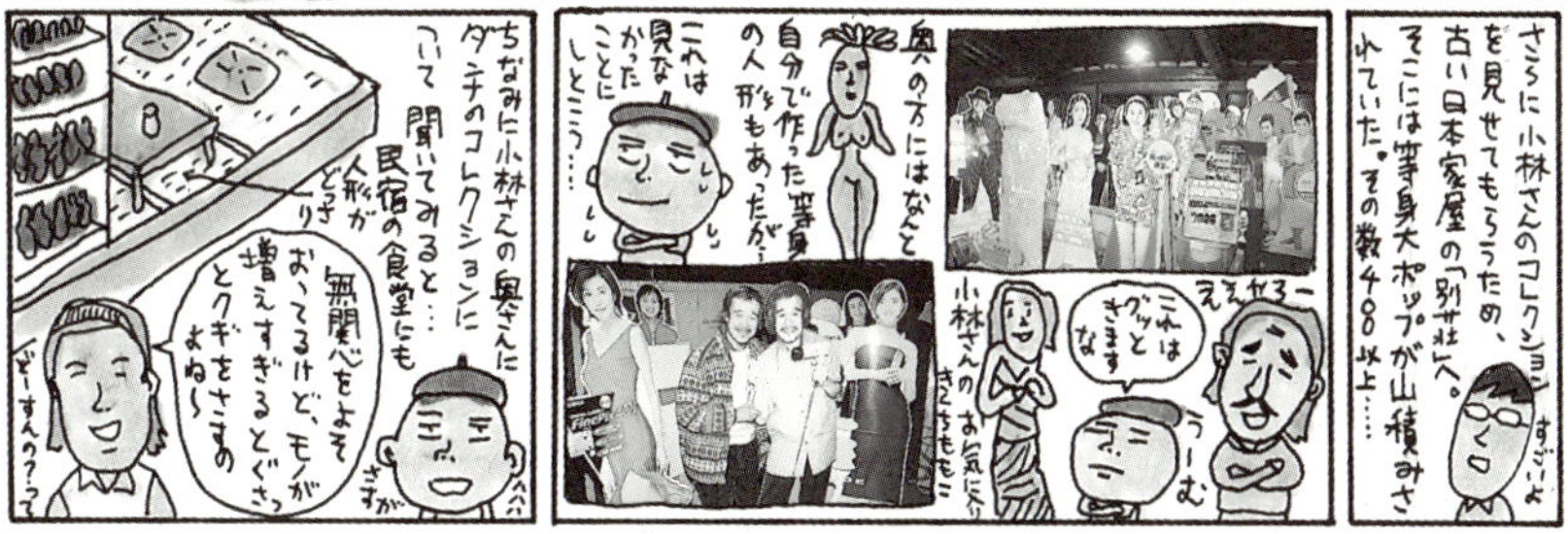
さらに小林さんのコレクションを見せてもらうため、古い日本家屋の「別荘」へ。そこには等身大ポップが山積みされていた。その数400以上……
すごいよ
奥の方にはなんと自分で作った等身大の人形もあったが…
これは見なかったことにしとこう…
ええやろ～
これはグッときますな
う～む
小林さんのお気に入り
ちなみに小林さんの奥さんにダンナのコレクションについて聞いてみると…
民宿の食堂にも人形がどっさり
無関心をよそおってるけど、モノが増えすぎるとクギをさすのよね～
さすが
どーすんの?って

採点表

オヤジおしゃべり度★★★
まじレア度★★★
秘蔵品もスゴイ度★★

※1　テレビのダメ亭主列伝みたいな特番企画には必ず登場。隣の民宿は奥さんにまかせっきりでコレクション三昧の遊び人として紹介されるのがお決まりのパターン。

※2　「モノを作るのも女くどくのと一緒。天性の勘が勝負や！」「わしゃ自分の発言に責任持たんから。明日同じこと言えっちゅうても無理」などなど。

※3　「高山の火野正平」。「300人のアイドルと添い寝する男」の異名をとるプレイボーイ。ただし添い寝の相手は等身大ポップ。

※4　取材の後、民宿＆理髪店の隣にポップのコレクションなどを無料公開する「昭和のなつかしい館」をオープン。

メルヘンの世界にわくわくですね♥

お菓子の城（愛知県犬山市）

スウィーティ〜♥でラブリィ〜♥♥でメルヘ〜ン♥♥ついつい語尾を甘ったる〜く伸ばし〜てしまいたくなるスポット、お菓子の城。全国でも珍しいお菓子のテーマパークで、もちろんスケールはダントツ。すなわち日本で最も甘〜い1日を過ごせる場所だと言っても過言じゃないんであ〜る♥

お子様向けのイメージが強いため施設もそれ相応かと思いきや、訪れてみるとあまりのごリッパさに度肝を抜かれる。ヨーロッパの古城風の建物のデカさに思わず口あんぐり。おまけに城の周りは駐車場まですべて白い石畳。入り口の門をくぐり抜けた瞬間からドリ〜ミング♥な別世界が広がってるのだ。

扉を開けたとたんに甘い香りが漂ってくる館内もまさにスウィーティ〜ワンダーランド。世界一の高さの14・１mウエディングケーキ、３００kgもの砂糖を使った巨大なシュガーアート、お菓子バイキング、クッキーやケーキ作りなど、見て、食べて、体験してとろけそ〜な1日を過ごすことができる。ゴージャスなドレスに着替えて記念撮影もできるから、ラブラブのカップルならもう完全に2人の世界に。くぅ〜、ラブリーすぎるッ！

でも、僕ら2人の一番お気に入りは「わくわくの部屋」。入口の看板の「☆わくわくですね☆」のフレーズからしてかなりグッとくるが、展示されてるケーキのキャッチコピーがこれまた傑作揃い。「今日までわくわく明日からもわくわく燃ゆる炎で誓うのですね」村西カントクの「ナイスですね」を彷彿させるこの名調子はツボにハマりまくり！ これ以来、「わくわくですね」がマイブームなのですね！

- 愛知県犬山市字新川1-11
- TEL0568・67・8181
- 9時30分〜17時（土日・祝日は9時〜18時まで）水・木曜休（夏・冬休み、GWは営業）
- 大人1200円　小人900円
- 名鉄小牧線楽田駅から徒歩25分
- 名神高速小牧ICから15分

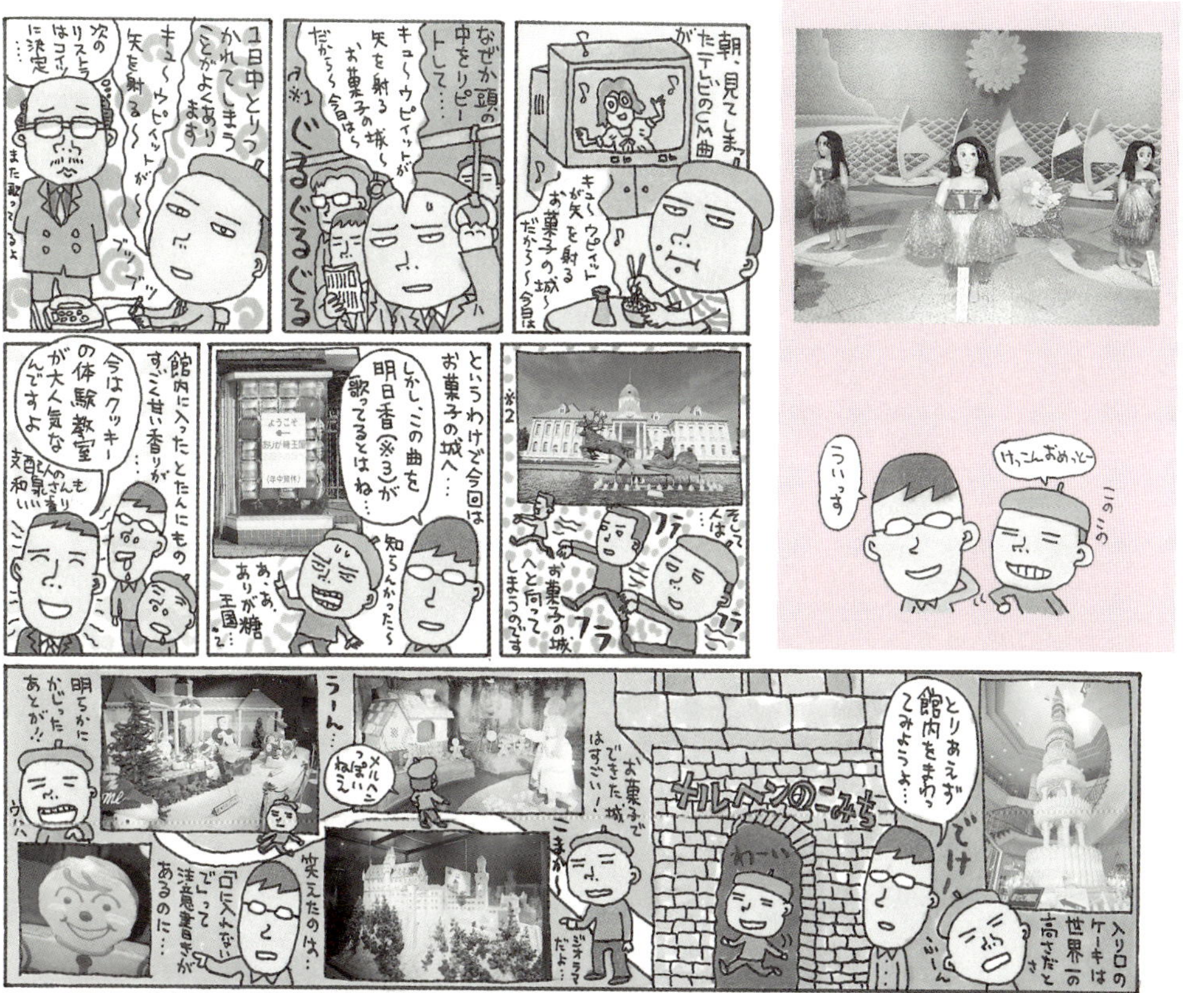
ういっす
けっこんおめっとー
このこの
朝、見てしまったテレビのCM曲が
キュ〜ウピイットが矢を射るお菓子の城〜だから〜今日は
なぜか頭の中をリピートして…
キュ〜ウピイットが矢を射るお菓子の城〜だから〜今日は
※1
ぐるぐるぐる
1日中とりつかれてしまうことがよくあります
キュ〜ウピイットが〜矢を射る〜
ブツブツ
次のリストラはコイツに決定…
また歌ってるよ
※2
そして人は…お菓子の城へと向ってしまうのです
フラ
フラ
フラ
というわけで今回はお菓子の城へ…
しかし、この曲を明日香(※3)が歌ってるとはね…
知らんかった〜
あ、あ、ありが糖王国…
館内に入ったとたんにものすごく甘い香りが…
今はクッキーの体験教室が大人気なんですよ
支配人の和泉さんもいい香り
入り口のケーキは世界一の高さだとさ
ふーん
とりあえず館内をまわってみようよ…
でけ！
メルヘンのこみち
わーい
お菓子でできた城はすごい！
こまかー
ジオラマだよ…
うーん…
メルヘンっぽいねえ
笑えたのは…
「口に入れない」でって注意書きがあるのに…
明らかにかじったあとが!!
ウハハ

そしてついに問題の部屋にたどりついたのだった…
キラ〜ン
わくわくの部屋
・わくわくですね・
なんじゃこりゃ！
ケーキすべてについてる文章が絶妙のテイスト
ナイスですね…の村西カントク思い出すよ
(タイトル)わくわくの矢
固く閉ざしたこころも わくわくの矢 当てれば わくわくですね
とか
今日までわくわく 明日からもわくわく 燃ゆる炎で 誓うのですね
お誕生ケーキ(タイトル)
ウハハハ
さらに奥には人形がウジャウジャあってかなり不思議ワールドになってるよ
かなりへん…

採点表

メルヘン度★★★
ゴージャス度★★
わくわくですね度★★★★

※1　歌詞は5番までありテレビで流れてるのは3番。「“だから今日は〜♪”の後は何て言ってるの？」という問い合わせが年に100件以上あるとか。正解は「告白パーティー」。一度でいいから招かれてみたいもんである。

※2　日本離れしたロケーションは、結婚式の会場や様々な撮影ロケで利用されている。ブライダル雑誌や自動車メーカーのパンフレットなどでしばしば使われているそうだからよ〜くチェックしてみよう。

※3　明日香。昭和57年、『花盗人』という死ぬほど暗い曲でポプコングランプリを受賞しデビューした女性シンガー。『花盗人』は小ヒット止まりで一発屋にもなれなかったが、今も名古屋を基盤に地道な活動を続けている。

百花繚乱洞窟宗教ワールド

大聖寺《だいじょうじ》大秘殿（愛知県蒲郡市）

バカルトに必要なエッセンスは各種あるが、中でも「洞窟」「チンチン」「地獄」「人形だらけ」の要素を兼ね備え、見事ビンゴ！なのがこの「大聖寺大秘殿（※1）」。入口付近には数々の仏神像が建ち並び、風光明媚なロケーションとは相容れない場違いな秘境ムードがぷんぷん。これを見て早くも芽吹きかけた期待は、目玉である大洞窟十界めぐりで一気に炸裂する。

やたらと狭くて薄暗い洞窟の中には、水子地蔵やいかめしい魔王像、七福神など様々な仏神像がそこかしこに安置されている。お寺なのに神様がいるのはいいのかな～なんて考えてると、お決まりのチンチンやオドロオドロしい地獄の住人らの彫像が現れ、壁画もいかにも宗教画らしいものからだんだんとヘビメタバンドのCDジャケット風のエグい作風へと変化してくる。

おまけに洞窟内はうねうねと曲がりくねり、方向感覚まで失われてくる（どうやら同じところを行ったり来たりしているだけで、延長300mと言いながらさほど広くはないらしい）。10分ほどでようやく出口にたどり着き、ホッとしたのもつかの間、トドメにはカツオとハマグリを抱えた巨大な恵比寿さん似の壁画が登場。これは日本一の料理の神様・磐鹿六雁命（いわかむつかりのみこと）だそうだが、「料理人のお参りが多いということはないですねぇ…」とのこと。

また、ここは日本で唯一のチベット・ラマ教の仏像がまつってあるお寺で、いわゆる女人寺でもあるとか。仏様から神様、ラマ教まで景気よく一堂に集めた、まるで宗教のデパート状態。信仰にアバウトな日本人にはうってつけの場と言えるのでは。

- 愛知県蒲郡市三谷町鳶欠14
- TEL0533・68・2130
- 10時～17時　水曜休
- 大人1000円　小人500円（十界めぐり入洞料）
- JR東海道本線蒲郡駅からバスおなご寺下車すぐ
- 東名高速音羽蒲郡ICから音羽蒲郡道路を経由し30分

バカルトの取材では、ボクと大竹氏の2人で写真を撮ります
大竹氏はポジフィルム
ボクのはイラストの参考に
カシャ
で、ボクはフツーのプリント屋さんで写真を現像してもらうんだけど
写真をおたしかめください！
店員さん
ドバーン
と、言われて一番上の写真を見せるとき、ものすごく恐ろしい写真が出てきたりすることがよくあって…
今回はイキナリこれが出た↗
ちょっと地獄へ行かない？
うへー
よ、よ、よろしかったで…しょうか…これサービス券です
あきらかに動揺している
あれれ↓
以前にもこんなことが…
ただいまサービスで1枚だけLサイズにしときました
…けっこう苦労してます
半泣き
原始人おじさん
というわけで今回は「バカルトの基本」とも言える地獄めぐりです
イエー！
入り口の横に洞窟へと続く階段がある…
まさに裏蒲郡！
知らんかった
かなりせまい通路をどんどん進んでいく
小さいボリュームでスピーカーからお経と木魚の音が……
ナムナムナムナム
ポクポク
きもちわりー
仏像からお地蔵さん壁画にいたるまですべての宗教をひっくるめたようなゴッタ煮感覚…
もちろんこういうトコに欠かせないエロティストもあるよ…
エロネタは読者が引いちゃうから、ダメですよ！
東京に行っちゃう編集長Mさん
も～

採点表

神様仏様度★★★
下ネタ度★
穴度★

ちゃんまちぇん……
なかたは…
エグイけど、ちょっとカッコイイ壁画もあったりして…
ちょっと横尾忠則みたい
うむ
でけ～
↑出口には巨大な料理の神様の絵がある
なぜカツオとハマグリとカモ？
？
帰りしなにココで霊感占いをしているおばさんに2人とも見てもらうと…
名前は順風（じゅんぷう）さん
「大竹さんは「やり手」だねえ…
温泉さんはまじめすぎる
それって占いか!?

※1　大秘殿とほとんど同じ要素を網羅しているのが40ページで紹介した石川県のハニベ巌窟院。この他にも「貝がら」「手作り」「散財」「ハク製」なども重要なエッセンス。

ワニとカメのカルト動物園

熱川バナナワニ園＆伊豆アンディランド（静岡県東伊豆町＆可津町）

東伊豆の「バナナワニ園」と「アンディランド」は、それぞれワニとカメ専門の動物園。こんなピンポイントなテーマで客を呼ぼうっていう大胆さが非常にすがすがしい観光施設である。

「バナナワニ園」はもともと水泳選手育成のための温水プールを作るつもりだったのが、なぜかワニを育てることになったというワケのわからないいきさつの末、昭和33年に開園（※1）。27種３５０頭という飼育数は世界屈指だが、肝心のワニたちは愛想をふりまくこともなくひたすら動かない。アホみたいに口開けっぱなし、漬物みたいに何十匹重なりっぱなし、さらには水槽の中で沈みっぱなし浮きっぱなし。それでも体長数ｍもの巨大なワニは見れば見るほどほぼ怪獣なので、動かなくたって視線はクギづけ、全然飽きない。

「アンディランド」はスッポンの精力剤で儲けたお金でカメのテーマパークを作ったというとてもストレートな成り立ち（※2）。ゾウガメの交尾写真で始まり、なぜか地獄や天国の絵画美術館で終わる（霊界の絵は丹波哲郎の「大霊界」が参考資料！）、さらに土産物売り場でメラメラセットなる精力剤詰め合わせを売る強引な展開が秘宝館ちっくで魅惑的だ。

カメレースやゾウガメとの記念撮影などほのぼの企画もあるから子ども連れでも安心（※3）。子ガメがたくさん生まれた時には即売してしまうという公営の動物園ではありえないナマ臭い企画もあるので、カメブリーダー諸兄も要チェックだ（※4）。

両施設の距離は車で約20分。世界でも珍しい超マニアック動物園がこんな近くにあるという事実も興味深い。これもニッチ（すき間）観光施設の宝庫・伊豆だからこそ、に違いあるまい。

熱川バナナワニ園
・静岡県東伊豆町熱川温泉
・TEL0557・23・1105
・８時30分〜17時　無休
・大人1000円　小人500円

伊豆アンディランド
・静岡県河津町菖蒲沢
・TEL0588・34・0003
・９時〜16時30分
水曜休（夏休み、冬休み期間は営業、祝日の場合、翌日休）
・大人950円　小中学生350円
幼児320円

伊豆まで運転よろしく
またかよ
昔、知り合いの女のコが大きなイグアナを飼ってて…
えへへ
何年飼ってても、私の手をエサだと思うみたいでさぁ〜
…と笑いながらかまれた時のキズを見せてくれた
おめ〜は〜…
キズ
キズ
しかし、ワニはどうやら違うようです…
ワニは飼育係の気持ちがわかってるんですよ。利口な生き物なんです
語りが熱い!
熱川バナナワニ園の営業課長 山下さん
なんとなくなつかしい雰囲気
というわけで今回は伊豆、は虫類めぐり!
イエ〜
館内への入り口にはなぜか、わにばななな園という看板が…書いたのは初代カルピスの会長さんだってさ!
この人が山下さん
ワニがだんご状態
でけ〜
全然動かないぞ
ぼうし事件で注目されたレッサーパンダもいるよ!
巨大な温室には熱帯の花がさきみだれている
そして次はカメのいっぱいいるアンディランドへ
入り口にはいきなりこんな写真が…
あ!
バナナワニ園と違ってすごくクール…
副部長の千田さん
カメはまぁたくさん人のいうことを聞きませんからねえ…
ボクは別にカメ好きというわけじゃないんで
ゾウガメが交尾中

ゾウガメのコウラには名前が書いてある
ゴーインだなあ
ハハ
最近ブームになってるリクガメのおかげで、かなりマニアックなお客さんも増えたそうだ
へー
でけ〜
でかいワニが1.5メートル
も恐いがダニも恐い!
リクガメについていたダニ!
精力グッズ充実のおみやげコーナー
このコーナー、はなぜあるのか、ボクにもわかりませんねえ…
正直!
メラメラセット
¥2,000
三界の美術館
経営者はこの広告でおなじみ
スッポン
なるほど!

採点表

八虫類だらけ度★★★
秘宝館度★
精力増強度★★

※1　故・木村亘初代園長は会社員時代は鳥カゴを下げて営業回りしていたほどの動物好き。動物商にすすめられて買ったワニが温泉で飼育すると元気だったことから、この温泉地でのワニ園を思いついたという。

※2　経営する宝仙堂は「パワーライフ」「スッポン酒」「スッポンエキス大王源」などの滋養食品で有名。見るからに血色のいい社長のお顔は、夕刊紙の広告で誰もが見ているハズ。

※3　平成10年まではゾウガメの背中に乗って記念撮影ができたが、ストレス死するカメが続出したためまたがるのは中止に。館内では殉職したゾウガメのハク製も見られる。合掌。

※4　近年のリクガメブームで飼育しきれなくなった飼い主からの引き取り依頼が急増。一方、カメ飼育先進国のドイツやアメリカからの情報が増え、飼育がかなりしやすくなったというブームの恩恵も。

ハチの巣に美を感じる手作り博物館

蜂博物館（愛知県豊川市）

　実は愛知県は全国きってのハチマニアのメッカらしい。特に奥三河では趣味の養蜂が盛んで、設楽町では毎年「蜂サミット」なるイベントも開催され、150人以上もが集まるとか（※1）。さらに瀬戸市には養蜂博物館、お隣の長野県にはハチ博物館なる施設もある。我々の知らないところで、実はハチマニアの世界はひそかに熱く燃えているのであった！

　そんな愛知県が誇るハチオーソリティの1人で、ついには私設ミュージアムまで作ってしまったのが豊川市の村松功也さん（61歳）。三河一のハチの巣取り名人として知られ、これまでに採取・駆除した巣は実に数万個！　そして平成13年3月、自宅の倉庫を2カ月かけて改装し、長年のコレクションを披露する「蜂博物館」をオープンした。（※2）

　といっても見た目はほぼただの倉庫のまま。巣を展示するショーケースは使い古しのガラス棚だし、壁中にかけられた解説パネルはすべて手書き。しょぼいと言っちゃえばそれまでだが、このつたない手作り感がかえって村松さんのハチへの熱い思いや一途さをあらわしていて、何物にも代えがたい魅力となっている。

　ご本人いわく今はまだ仮設で、来年にはリニューアルして正式オープンしたいとのことだが、それならなおのこと、味のありすぎる現在の状態も是非見ておいてもらいたい（※3）。

　小中学生の子どもを持つファミリーなら、夏休みの自由研究の参考に足を運んでみてもいいのでは。でも、とれたてのハチミツやハチの子炒め、焼酎漬けなど、村松さんの語るレアなグルメネタの数々には、お父さんの方がグッと来ちゃうかも。結構、ハチを飼ってみたくなっちゃうぞ（※4）。

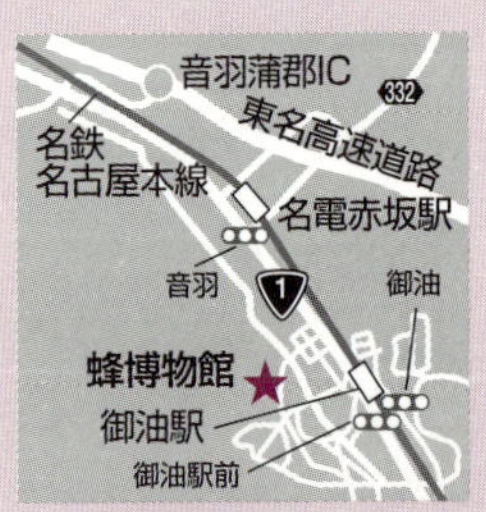

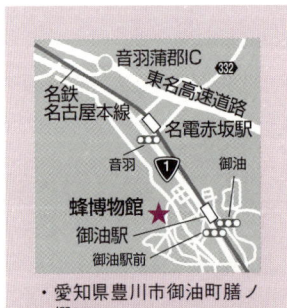

・愛知県豊川市御油町膳ノ棚35
・TEL0533・87・4316
・見学自由（できるだけ事前に連絡を）
・名鉄名古屋本線御油駅から徒歩15分
・東名高速音羽蒲郡ICから10分

うへ~
やった~
虫ネタ
実は私、小学生のときから、かなりの「虫」好きでして
やってました…
蝶の標本とか
昔、女のコと歩いてたとき…
こんなところにウラギンシジミのオスが飛んでるぞ!
すごい!
↑オスメスは羽根の色で識別する
うわ~
オオムラサキのメスがいるよ~!!
なんか…あんたって虫の名前にくわしすぎて
ちょっと不気味~
…と言われたコトがあります
ガーン
というわけで今回の「蜂博物館」はすっごく楽しみだったんですが…
やった~
あった
なかなか見つけるのに苦労してしまいました…
↑目印はコレだけ
蜂博物館
本業のガラス店の店先を自分で改装して博物館にしてしまった
館長の村松さん。その横は巨大なハチの巣
すごい
ハチの話をするととまらなくなる村松さん
マラソンの高橋尚子もハチのエキスを飲んで金メダルをとったんじゃ…
ハチの動きを見てると次の日の天気がわかる
ハチは害虫を食べてくれるんだわ
ペットのネコ
展示しているのはスズメバチの巣約70個、大きいものは直径が60センチもある!
きれいじゃろー
巣は、大きなものなら100万円の値がつくこともあるんじゃ
100万円
お、おそるべし、ハチマニアの世界!!
ハチの子は焼酎漬けにしてもコレがまたイケるのよ…
ホレ
ドロ~
館内の写真はすべて村松さんが撮影したもの。なかには、スズメバチにさされた自分の手を撮ったものもあった…
イタソ~
手がグローブみたいになってる

なんと村松さんは自宅の裏でミツバチを飼っている!
自家製のハチミツじゃよ。うめ~ぞ
ブ~ン
出入口にはハチがうようよ
ひとつの箱の中には、3万匹のミツバチがいるのよ
かわいいじゃろ…
トローン
そして、取材を終えて車に乗り込み、帰ろうとしたとき…
ありがとうございました
ハチミツ持ってけ!
ワハハハ
ええ!? いいんですかそんなに!!
帰りにそのハチミツをなめてみると、コレがすっごくおいしかった…
ありがとう村松さん!!
う、うめー
ちゅー

採点表

ハチマニア度★★★
手作り度★★★
朽ちかけ度★★

※1　優勝者の巣は例年重さ３kg前後。といってもそれがどれだけすごいのかよくわかんないけど。
※2　瀬戸市の「みくに高原みつばちセンター養蜂博物館」も私設。HPの思い入れたっぷりの文章がなかなか泣ける。長野県上伊那郡中川村の「ハチ博物館」ではハチの巣の聖火などを展示。盆栽みたいにいろんな形にできるらしい。
※3　取材は平成13年。2年後に訪れたが、あまり変わっていなかった。
※4　名古屋市の（株）養蜂研究所が「養蜂ビギナーズセット」を販売している。お値段は12万5800円。これでとれたてのロイヤルゼリーが食べられれば安いもの？

ほのぼの派の甲賀VS.ハイテク派の伊賀

甲《こう》賀《か》の里忍術村（滋賀県甲賀町）　伊賀流忍者博物館（三重県上野市）

忍者と言えば甲賀と伊賀。甲賀者では猿飛佐助、伊賀者では服部半蔵、霧隠才蔵、石川五右衛門なんかが有名だ。

ライバルと思われがちな両者だが、実は決して敵同士ではなかったとか。そもそも今に伝えられる忍者のイメージはほとんどフィクションの世界によって作られたもので、トレードマークの黒装束も昭和40年代以降、マンガの影響で定着したものだという（※1）。このようにとかく実態は謎に包まれているのも忍者の忍者たるゆえん。大体、名前や仕事ぶりがオープンになってちゃその時点で忍者失格だし。

とは言え甲賀と伊賀が忍者のメッカだったことはまぎれもない事実。2つの町にはそれぞれ忍者をテーマとした観光スポットがある（※2）。

甲賀の里忍術村はうっそうとした山林の中にあり、いかにも隠れ里らしいムード。骨董品の刀に値下げの赤札をつけてる売店など、どことなくオフビートな空気が漂うが、ここでは是非忍者道場にチャレンジしてもらいたい。難度の低いフィールドアスレチックみたいなものなんだが、忍者の衣装に着替えて野山を走り回ると、半ばヤケクソ気味ながらも妙に盛り上がれる（※3）。

対する伊賀流忍者博物館は驚くばかりの洗練度。からくり屋敷の実演をしてくれるのはピンクのくの一だし、ミニシアターやパソコンライブラリー、忍ジャーズダンスゲームなどハイテク技術も導入しまくり。忍者に観光のすべてを賭けているかのごとき市の入れ込みぶりがひしひしと伝わってくる。

現代版甲賀流と伊賀流の両極端とも言えるギャップ。これがまたそれぞれの個性を際立たせ興味深い。両者セットで楽しんでもらいとうござる。

甲賀の里忍術村
・滋賀県甲賀郡甲賀町隠岐934
・TEL0748・88・5000
・9時～17時（平日10時～）月曜休（祝日の場合営業、GW・夏休みは無休）
・大人1000円　小学生700円

伊賀流忍者博物館
・三重県上野市丸之内117
・TEL0595・23・0311
・9時～17時
・大人700円　小人400円

あの「赤影」もリメイクされてなにかと盛り上がっている
忍者業界!
ドロン
甲賀の里へ…
ども
というわけで今回は忍者になって登場
ボワ〜ン
忍術村村長 柚木《ゆのき》さん
あらためてウチスト考え直さなきゃな……
ううう
オレって体力ねー
だめ〜
いろりの下に隠し部屋があったり
隠し階段があったりするんです
ホワーンとしたインストラクター中島さん
体験コース(大人2500円)もありますよ……
ぜひやってみて!
石垣もヒョイヒョイ
刀を使えば塀越えも
壁を横に移動することもOK
VS
それにひきかえ……
どこかおかしい温泉忍者
うぐ〜
さまになってる大竹忍者なのに…
VS
体がうまく動かない温泉忍者…
水の上を歩ける「水ぐも」に挑戦
VS
落ちると、すげ〜きたないからヤダ〜
必死
ほとんどやる気なし
その後は上野市にある忍者博物館へと向かった!
手裏剣で楽し〜

こちらの博物館ではなんと忍者ギャルが解説してくれるのだ
どんでんがえし!
こちらは展示物がハイテクで紹介されている
すげ〜
忍者プリクラや「忍ジャーズダンスゲーム」(……)もあるのだ!
ノリノリの温泉太郎
イェ〜

採点表

忍者度★★★
くの一度★☆
ゲームとほほ度★★

※1　かつては歌舞伎の児雷也に代表されるハデな衣装のイメージの方が強かった。黒装束は甲賀の忍びの者たちが野良着として使っていたものだとか。

※2　甲賀の隣の甲南町には甲賀流忍術屋敷も（TEL0748・86・2719）。ちなみにココの運営は製薬会社。忍者は薬草の知識にも長けていて、その流れから甲賀には大手製薬会社がたくさんある。

※3　恒例の「全日本忍者選手権」は毎年10月に開催。参加者は外国人も含めて例年約200人。手裏剣や水蜘蛛の腕前に自信のある人は是非参加しよう！

これぞゴミアートの楽園

三ツ塚町夢の国（岐阜県大垣市）

城下町として知られる岐阜・大垣市にトンデもない爆裂アートスポットがひっそりと存在するのをご存知だろうか？　閑静な住宅街に建つお屋敷を、みょうちくりんな造形物がにょきにょきとまるで勝手に生えてしまったかのごとく覆いつくす。自家製・彫刻の森っつーか、さながらオブジェの原生林だ。

庭の主は加藤博さん（83歳）。作品を作り始めたのはかれこれ50年ほど前で、「庭に灯籠でも置こうかと思ったんだが4、5万もするんで、もったいないから自分で作ってみたんだよ」（※1）というのがきっかけ。それを家族や近所の人がホメてくれたため、「調子に乗って次から次へ作るようになったんですわ」と言う。以来作りも作ったり1600点！　今では近所の子どもたちからはお化け屋敷と呼ばれ、おかしな新興宗教の総本山と勘違いする人もいるとか（※2）。あの時軽々しくホメたりしなければ…と家族はひょっとして後悔しきりなのかもしれない。（※3）

作品の主原料はゴミ。バケツや家電品などの廃品を拾ってきて、コンクリートで塗り固め、ペンキで彩色する。加藤さんは元市役所職員で、美術を習った経験もなければ、図画工作が得意だったワケでもなく、自分の作ったモノを芸術だとも思ってないとか。

だが、芸術とは本来自身の創作意欲のみによって生み出されるもの。「売ったり寄付したりしたことはない。そういうのは嫌いだもんで」というように、ここにあるのは加藤さんが自分のためだけに作り上げたまさしくピュアアート。庭丸ごとひっくるめてひとつの壮大な作品なのだ。デレク・ジャーマンの庭みたくちゃんと保存して後世に残した方がいいと思うんだが、マジで。

・岐阜県大垣市某所
（※個人宅のため住所、電話番号などは公表せず。興味のある人は自力で見つけて家人に断った上で見学させてもらうこと）

たいていの場合、こういうもの作りに没頭してるおじさんってのは自分の作品や経歴を自慢したがる人が多いけど…
見るからに人のイイ加藤さんの場合はちょっと違うぞ…
取材の説明をするときも
ほーか ほーか ほーう ほーう じゃらんちゃーのか
ニコニコ
このページで
まあ～なんだわ 草が生えてこんようにセメントの板を置いたりしてるうちにこーなってしまったわけで…
岐阜の岡本太郎だ
ほんとに天才かも
バァーン
それにしちゃすごすぎるっての
故郷の空
ほかにも「望州塔」「春告げ鳥」「両手に幸を」「熊模様」などなど
タイトルがまたシブイのよ
人間模様
美濃の人
伊吹の人
ウルトラマン
なんでやねん…
と思わずツッコミたくなるタイトルのオブジェがいっぱい！
その理由を聞くと…
ほっほっほっほっ
まあ、てきとうだからねえ…
…とニコニコしながらはぐらかされてしまう
もく
とにかくマイペースなんだよなぁ

なかには「直球」のタイトルもあるけど…
ラッキー犬
ゴルフ棒
自宅の庭にはおさまりきらず、となりの畑にもオブジェの大群がおしよせてる…
うへー
ひとつひとつはすごくおもしろくて立派にアートしてるんだが
本人にその自覚がまったくない！これこそ無垢のアーティストといえるのでは!!
深いねえ…

採点表

素人アート度★★★
ゴミ度★★★
家族は大変度★★★

※1　お屋敷は600坪もあるんだが、ここにオブジェが立錐の余地もないほどにひしめきあう。庭だけでは足らずに表の通りをつたって隣の畑にまでアート原生林のテリトリーは増殖している。

※2　「三ツ塚町夢の国」「趣味の造形園」「ひぐらしの庭」などいろんな名前を記した看板が庭のあちこちにある。作品同様、庭の名前も思いつく度につけたと思われる。

※3　「草むしりするにも邪魔でしょうがない」と家族は困惑顔。敷地内に息子さん夫婦が住む新家もあるのだが、その周りもオブジェだらけ。こんなになるまでおじいちゃんの道楽を野放しにしていた家族も、よく考えるとエライ。

一刀彫七福神は御利益もジャンボ（?）

飛騨開運乃森（岐阜県高山市）

デッカイことはいいことだ〜♪って古いCMコピーにもあった気がするが、確かに並外れたデカさには無条件で人に参った！と言わせる単純明快なオーラがある。エジプトのピラミッドしかり故ジャイアント馬場しかり小池栄子の巨乳またしかりである。

「飛騨開運乃森」のウリもとにかくデカい、これに尽きる。というか見事にこれだけ。２階建てのビルほどあろうかという七福神像がどかんどかんと立ち並べられただけの観光施設なのだが、他に何もない分、彫刻像のデカさだけが鮮烈にハートに刻み込まれるのだ。

七福神像はすべて樹齢７００年から千年以上もの老巨木を使って作られた一刀彫。一本の木から彫りおこした彫刻としてはおそらく世界一のスケールで、そのスジの人が見ればとんでもなく貴重な芸術品なんだそうだ（※1）。

今から30年ほど前にジャンボ七福神作りを思いついたのが古物商の倉坪信雄さん。材木置き場でたまたま見つけた杉のコブから大黒天の姿を連想し、知人の彫刻師2人に製作を依頼。その後、多額の借金を背負いながらも初志貫徹し、昭和61年、ついに完成にこぎつけた（※2）。こういう見境のないロマンと情熱があればこそ、世界一の偉業も成し遂げられたのであった。

2代目・信裕さんはやたらとマメなお人で、異常に詳細な取材者向け資料を自ら作成。「来訪動機は？〜大工だから」「当方への要望、見た後の感想は？〜また来ます」など、およそ参考になるとは思えないアンケート結果まで律儀にまとめ記している。借金はまだ残ってるとおっしゃる割にのどかな営業ぶりで、これも七福神がもたらしてくれる福のおかげ、なのかも。

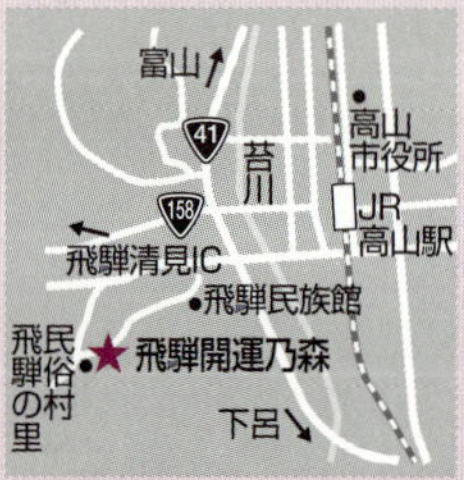

・岐阜県高山市西之一色町3-2205-2
・TEL0577・33・3317
・8時〜17時　不定休
・大人500円　小学生100円
・JR高山本線高山駅から飛騨の里行きバスで15分
・東海北陸自動車道飛騨清見ICから25分

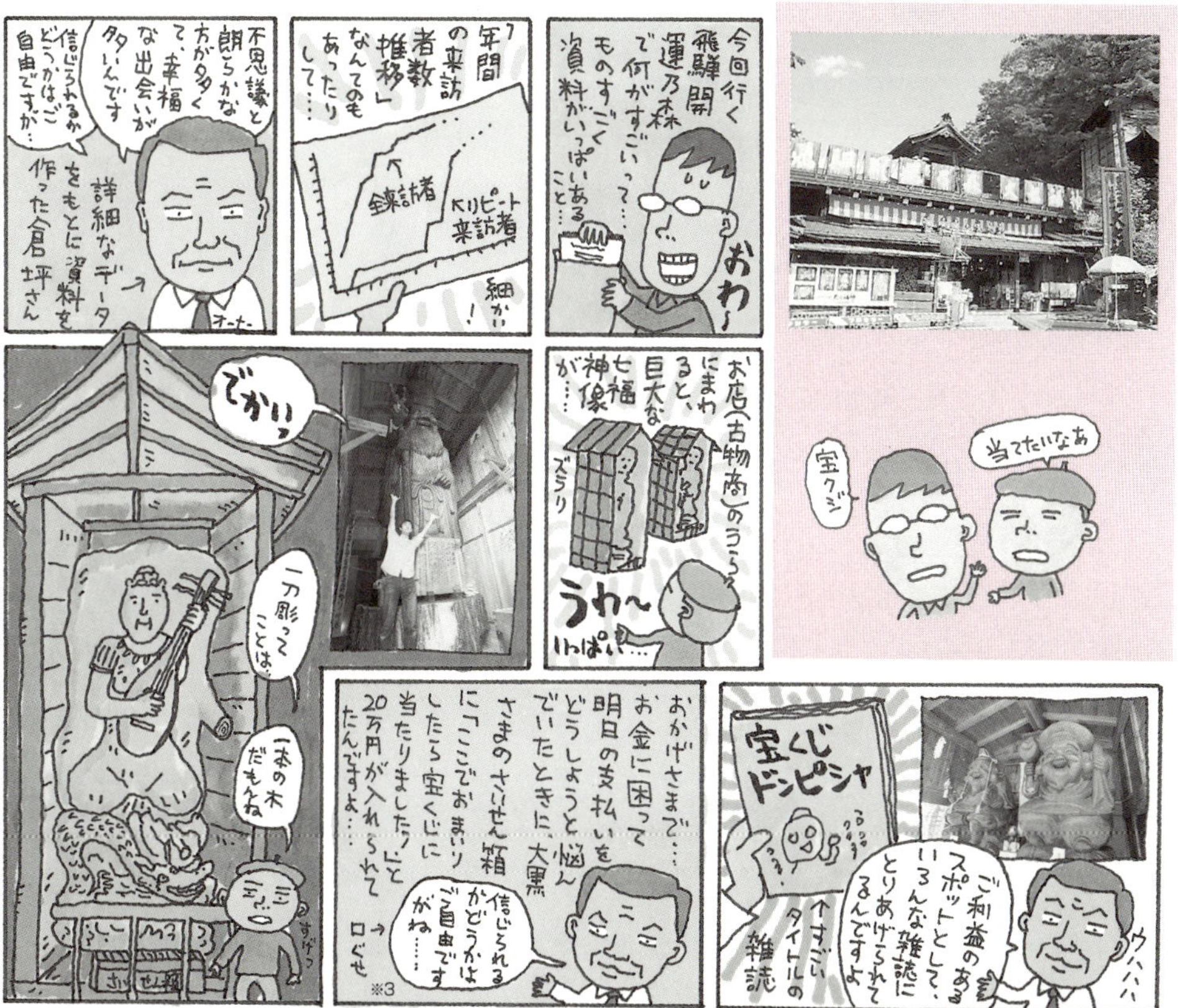
当てたいなあ
宝クジ
今回行く飛騨開運乃森で何がすごいって…ものすごく資料がいっぱいあること…
おわ～
「年間の来訪者数推移」なんてのもあったりして…
全来訪者
リピート来訪者
細かい！
不思議と朗らかな方が多くて、幸福な出会いが多いんです
信じられるかどうかはご自由ですが…
詳細なデータをもとに資料を作った倉坪さん
オーナー
お店（古物商）のうらにまわると、巨大な七福神像が…
ズラリ
うわ～
いっぱい…
でかいっ
一刀彫ってことは…
一本の木だもんね
すげっ
さいせん箱
おかげさまで…お金に困って明日の支払いをどうしようと悩んでいたときに大黒さまのさいせん箱に「ここでおまいりしたら宝くじに当たりました！」と20万円が入れられてたんですよ…
信じられるかどうかはご自由ですがね……
口ぐせ
※3
ご利益のあるスポットとして、いろんな雑誌にとりあげられてるんですよ
ウハハハ
宝くじドンピシャ
すごいタイトルの雑誌

お店もかってる
うたぐり深いやっちゃなくあんたは…
実はオーナーが自分で編集部にハガキを送ってたりして…マメだから…
うーん
帰りにはお酒を一本ずつもらって取材は終了…！で、帰ろうとすると大竹氏が…
どうぞ
やった～
うわっ
宝くじ当てようと思ってたのにおまいりするの忘れてた～！
なんだって
欲が深いやっちゃなくっ。さっきあんなにうたがってたのに…
こいつ…

採点表

デカい度★★★

ご利益度★？？

支配人マメすぎ度★★★

※1　地元の新聞社が「世界一の一刀彫」としてギネスに申請。だが残念ながらアメリカのトーテムポールに次ぐ次点だったそうだ。

※2　七福神の姿を連想させるような古木と出くわす度に引き取っては、彫刻師の元へ届け、足かけ15年かけて7体が完成したと言う。総事業費は約3億円とか。

※3　『宝くじドンピシャ』編集部に「飛騨開運乃森ご利益で宝くじが当たりました」というお便りが何通も届いたとか。希少な果報者から複数の投書があるなんて。何という偶然！

世界唯一の観光カニ博物館

越前がにミュージアム（福井県越前町）

冬の味覚といえばカニ。この季節になると脳内カニ欲求値が急上昇し気がついたら日本海へ車を飛ばしてた、って経験が誰にでもあるハズ（ないない）。

地元の人たちにとってもカニはまさにシンボル。最大の水揚げ地である越前町では何と世界で唯一というカニ専門のテーマパークまで作ってしまった。オープンは平成12年7月で総費用何と20億円！　旗ふり役となった町長は元カニ漁船の船長さん。カニのことで頭がいっぱいの町だからこそ実現したローカリズムあふれる観光施設なのだ。

外観は100m離れてみるとカニそっくりに見える凝りまくったデザイン。ただし向かい側に他の建物があるので100m離れられず小ぶりのドームにしか見えない。どうせなら外観を赤く塗ればよかったのにと思いつつ館内へ入ると、3フロアをブチ抜いて越前の町並みから海底300mまでを再現したジオラマ、カニのハサミが目の前に迫り来る効果満点の3Dシアター（※2）などの豪華なコーナーに、さすが巨費を投じただけのことはあると思わずため息。

その一方で単にカニの写真が貼ってあるだけの展示窓や、「カニの産卵」と記されたガラスケースの中をのぞくとおもちゃのカニの腹からビーズ球が飛び出すだけという何ともしょっぱい見世物もあるのがご愛嬌だが、カニ目当てで越前まで来た観光客ならいつしか頭の中がカニみそ状態。あとはもう食いまくり買いまくりするしかない。

越前ガニの漁期は例年11月上旬～3月下旬。このミュージアムでたっぷりウンチクを仕入れておけば、おいしさも倍増するに違いない!?

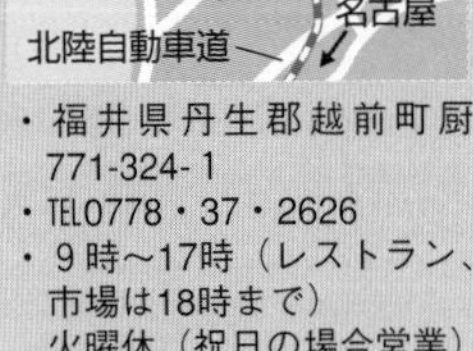

- 福井県丹生郡越前町厨771-324-1
- TEL0778・37・2626
- 9時～17時（レストラン、市場は18時まで）
  火曜休（祝日の場合営業）
- 大人600円、小人300円
- JR北陸本線武生駅からかれい崎行きバスで約50分
- 北陸自動車道敦賀ICから国道8～305号で約50分

今回の目的はひとつ!
カニ
が食えるかもしれない(経費で)というわけで2人は日本海へ!!
ド
北陸自動車道をおりて海沿いの道を走るとカニの文字がチラホラ……
旅館
かに
なんかワクワクすんな〜
冬はカニだよ
やった〜!
そしてついに越前ガニミュージアムに到着!
カニの形といわれるとたしかにカニっぽい
我々をむかえてくれたのは事務局次長の山谷さん
ポワ〜ン
越前ガニとは福井県で水揚げされたズワイガニの総称なんです
※1
近海でとれるから新鮮なんですよ
カ、カニ?
若狭湾はエサが多くてカニの身がしまってるんです
パンチ
ダンディな山谷さん
越前ガニのオスの目印は黄色いタグのついたハサミです。オスは一匹数万円の値段がつくこともあります…
←タグ
バブル時代には5万円とかしてたらしい
ミュージアムはすべてカニづくし
でカニの標本がいっぱい…
海の中のカニのようす♪
がにしばい…ちょっとトホホなコーナーも…

3Dシアターはけっこう迫力!
ブン
ブン
映像は地味なんだけどなぁ
ヒィ
メガネ
カニロボットやカニグッズの店、海鮮市場などをかわしつつ…
ずりずり
体は少しずつレストランの方へと移動…
ずり
念願のカニ!! いただきま〜す〜
一句
経費だとよけいにうまい越前ガニ
ミー
オホホホ

採点表

カニ度★★★

税金投入度★★★

3D度★

※1　カニ漁が本格的に行われるようになったのは明治以降。それ以前は網にたまたまかかったものを食べていただけで、しかも保存がきかないために地元の人たちだけの隠れたごちそうだったとか。

※2　映画の制作費は1本あたり3000万で3作品ある。「海は男たちの真剣な戦いの場だ」「カニ漁は命をかけた男の仕事である」など男気あふれるナレーションが荒ぶる日本海のムードを演出。真っ赤なハサミが飛び出してくる立体映像は迫力満点で、カニがこんなに3Dに向いているとは、と不覚にも爆笑してしまった。ちなみに製作は東宝。

ほのぼのファミリーの手作り地獄

伊豆極楽苑（静岡県天城湯ヶ島町）

　ピースサインの赤鬼と中学生が描いたようなにこにこ顔のエンマ様の看板。こののどかなムードにつられて入ったが最後、阿鼻叫喚《あびきょうかん》の地獄絵図に体と心が一気に冷え冷えしてしまう、「伊豆極楽苑」は温泉街のメッカにある恐怖の湯冷めスポットだ。

　名前は極楽だが館内のほとんどを占めるのが地獄めぐり。ミニチュアの人形たちが身悶える三途の川や賽《さい》の河原、餓鬼界の薄気味悪さに次第に沈み込んでいく気分は、地獄界でいよいよ暗黒トラウマモードへ！「人をイジめた者たちは皮をはがれて肉団子。酒に溺れた者たちは煮え立つ鉛を飲まされる…」とくり返されるブキミきわまりないナレーションをバックに、凶悪な表情の鬼が罪人たちを逆さ吊りにし石で押し潰し釜茹でにし刀で切り刻む。おびただしい数の人形が血まみれのバラバラ。残虐スプラッタ描写のヤバさは映画なら文句ナシR18指定だ（※1）。

　ここを通り抜けると、巨乳の赤鬼が「あなたは今後地獄に縁がありません。さようなら」と笑顔で送り出してくれる取ってつけたようなフォローぶり。最後は「温度はハワイと同じ。家賃敷金礼金ナシ」というインチキ別荘地のようなキャッチコピーが踊る極楽浄土で、強引なハッピーエンドを迎える。

「小さなお子さんにも見てもらって、悪いことをしちゃいけないんだと感じてほしいと思って作ったんですよ～」とにこやかに話してくれるのは、館長の佐藤鳴蜂・華扇さんご夫妻（※2）。オドロオドロしい地獄ジオラマもお2人をはじめ家族みんなで仲良く作ったとか。血みどろの裸女の人形を笑顔で作るほのぼのファミリー。一家団らんの風景をのぞいてみたい気もする…。

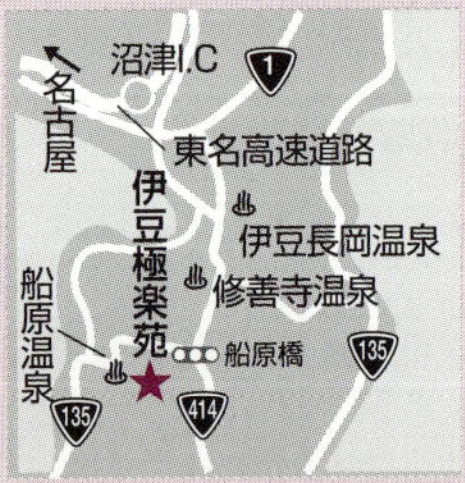

- 静岡県田方郡天城湯ヶ島町下船原370-1（平成16年4月から伊豆市に住所変更）
- TEL0558・87・0253
- 10時～16時　木曜休
- 900円
- 伊豆箱根鉄道修善寺駅からバスで20分、宝蔵院下車すぐ
- 東名高速沼津ICから国道1号～136号で約1時間

地獄ネタか!
正月から…
珍しい
地獄極楽めぐり
このバカルト紀行ではさまざまな地獄スポットを紹介してきたけれど…
ココ
伊豆極楽苑だ!
伊豆極楽苑
一番、ほのぼのしているのが、
チョットのぞいてみませんか
地獄極楽めぐり
看板は学園祭のノリで手づくり
わはは
アットホーム
そして…
極楽苑
まずは入り口で地獄についてのレクチャーを受けるのだが
なかなかの名調子で解説してくれる
人生には必ず終わりがあります。生き残ることは100%できません…
う〜む
レクチャー役の奥さん
中味はというと三途の川にはじまり、8大地獄を絵と人形で再現しているのだが……
人形はけっこうスプラッタしてるのに…奥さんのなんともやさしく上品な雰囲気が不思議だ
ごゆっくりどうぞ〜
けっこうエグイ…
これでもかっていうほどザンコクに作ってある…
殺生偸盗の罪

すごい
手のかかったジオラマ地獄
鬼の種類もいろいろ
ラストは巨大な極楽のジオラマで終わる。ちょっとホッとした気もちに!? なるか?
さらに、となりには古今東西の性にまつわる秘宝殿が…それは行ってのおたのしみに!! ※3 帰ろうとするとおみやげもくれた!
おみやげです
体位がいろいろあるHなTシャツ
それでもうれしい

採点表

人形度★★★
血みどろ度★★★
下ネタ度★

※1　ジオラマに使われている人形は約300体。自分たちで作ったという割にはなかなか出来がよい。極楽浄土の遠近法もお見事。ちなみに地獄界で責めさいなまれる人形はなぜかすべて裸の女性。

※2　真言宗の修行をつんだ鳴蜂さんのお父上が発案し、ファミリーでそれを具現化して昭和61年にオープンした。隣のドライブインとはまったく関係なく、佐藤さん一家はこの施設の経営で生計を立てているという。地獄系観光地はお寺の運営が多く、純民間は珍しい。しかも、こんなにアットホームな方たちがやっているというのも非常に珍しい。

※3　古今東西の性の民芸品やアートを展示。秘宝館的いかがわしさは薄い。でも、ここで紹介されてる真言立川流がすごく気になる。「エッチこそ極楽」と説く伊豆で興った宗派とか。入信したい…。

手作り模型列車が駆け巡る爆走喫茶！

珈琲駅ブルートレイン（富山県富山市）

　一見普通の純喫茶だが、その実態はミニチュアの列車が店中を走りまくるスーパーエンターテインメントカフェ！　それが「珈琲駅ブルートレイン」だ。

　客席をグルリと一周する本線は実に総延長45ｍ。その他、富山の市電、自分で操作できる運転トライ線など計3路線があり、どの席に座っても目の前を列車が駆け抜けていき、コーヒー一杯を味わう間、旅情気分が堪能できる。

　模型は新幹線、ＳＬ、ドイツのオリエント急行などざっとン百種類。とりわけチンチン電車は大正時代から現代までの全国各地の市電車両が40種以上もある。これでもコレクションのごく一部で、自宅には何と１２００両以上が所蔵されているという（※3）。しかも、驚くべきことにこれらはパーツからすべてマスターの手作り。図面を基に1／80に縮尺し、模型用の特殊な紙や真鍮などを素材に1編成につきおよそ3カ月がかりで作り上げる。恐ろしく精巧でとてもハンドメイドには見えないところもすごすぎる（※4）。

「メーカー品だと50万円もするし、発売されるのが遅い。待ちきれなくて自分で作っちゃうんですよ」とサラリと言ってのけるマスターの中村正陽さん（65歳）。にこやかな表情を崩さない一方で、「電車なら何でもいいってワケじゃなくて美しいものしか作らない。新しい新幹線、あんなアヒルみたいな顔のはダメ！」とバッサリ。断固たるマニア魂の炎がかいま見える。

　不思議と和めるこだわりの空間…なんて言ったらまるで巷の小洒落たカフェみたいだが、鉄道ファンならずともまったりできちゃうのも魅力。心の中で流れるＢＧＭはもちろん溝口肇の『世界の車窓から』だ。パラッパ〜♪

・富山県富山市鹿島町1-9-8
・TEL076・423・3566
・10時～19時　火曜休
・JR富山駅から市電大学前行き安野屋下車徒歩３分
・北陸自動車道富山ICから国道41号～平和通経由で約10分

以前知り合いのカメラマンを取材を同行したとき…
ちょっといいでしょこのテープ…エヘヘ
ゴトン ガターン
といって鉄道のとある路線の音だけが入ったテープをずっと聞かされたことがあった……
まあそこまでマニアじゃなくても…
鉄道ファンは奥が深い…
うむ
※1
木わく列車
トンネル
カベの中をレールがはしっている
店内をレールが一周しているので見ててあきない！
黒部渓谷
このブルートレインもマニアの間じゃ有名らしく…

珈琲駅
ブルートレイン
KEY COFFEE
初の富山取材
ボクも～

元国鉄の副技師長なども常連客だそうだ
すしネタを並べるガラスケースのようなものがカウンター前にあって目の前を列車がはしっていくのがおかしい…
ジー
※2
しかしマスターの中村正陽さんによると…
マニアより普通のお子さん連れなどに楽しんでほしいですね
天井は電車をイメージして丸みをおびている
コッてるね

メニューが時刻表になってるのもカワイイ
すみからすみまで鉄道づくし
名古屋
立山
あちこちに本物のプレートやキップがあるがみんなお客さんがもってきてくれたそうだ
近所にこういうところがあるといいんだけどなあ
東海北陸自動車道が早くつながらないかなー
行きつけの店にしたい！

採点表

鉄っちゃん度★★★
精巧すぎ度★★
コーヒーおいしい度★★★

※1　オープンは昭和55年。それ以前は名曲喫茶を経営していたとか。
※2　模型だけじゃなくコーヒーへのこだわりも相当なもの。水出しのコーヒー450円、自家製コーヒーゼリー600円は激ウマ！
※3　鉄道模型は店を始める前から趣味で製作。自宅で友人らに披露して自慢するだけでは飽き足らなくなってこれらを走行＆展示する喫茶店を開くことになったと言う。
※4　店内の模型はすべてHOゲージと呼ばれる１/80スケールモデル。一般的に普及しているNゲージはこの約半分の１/150

最古参の宗教テーマパーク

五色園（愛知県日進市）

　東海地方には、コンクリート人形が立ち並ぶ珍観光地があちこちにあるが、五色園こそがその元祖。"宗教公園"としてオープンしたのが何と昭和9年。親鸞聖人にまつわる逸話をジオラマで再現しその教えをわかりやすく伝えようというありがた〜い目的で作られた、テーマパークの先駆けとも言えるエポックなスポットなのだ（※1）。

　運営するのは大安寺というお寺なのだが、入口はなぜか山門ではなく遊園地のようなゲート。入園料を徴収されそうな雰囲気だが、花見シーズンをのぞけばフリーパスで入れる。そのまま車でするすると進んでいくと、左手に車座になったお公家様らの一団が。よく

よく目をこらすと（ってホントは一目瞭然なんだが）これがすべてコンクリート製の人形。しかも、どれもアンドレ・ザ・ジャイアント級のデカさ！　その後も走る坊さん、しゃがむ坊さん、あやまる山伏、竜にまたがるじいさん、南無阿弥陀佛の垂れ幕を広げるばあさんなど、個性豊かなキャラクターがあちこちでポーズをキメている。

　園内はとにかくだだっ広く林の奥や寺務所の裏、駐車場の下の崖の中腹など、まったく予期せぬところにまで人形が隠れているので侮れない。

サファリパークのようにドライブスルーでもその姿を拝めるが、車を降りて山の中へずんずん入っていくと、さらに数多くのジオラマシーンに遭遇できる（※2）。

　作者である浅野祥雲氏の最も熱心なファンを自認する筆者としては、久しぶりに見た人形たちが色鮮やかにお色直しされていたのはうれしい限り。祥雲さんが全盛期に手がけた力作の数々は、親鸞様の教えとともに永遠に不滅なのだ！

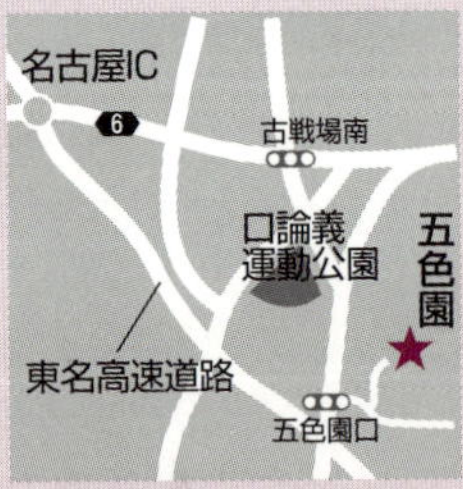

- 愛知県日進市岩藤町一ノ廻間932-31
- TEL0561・72・0006
- 8時〜17時　無休
- 無料（ただし3月20日〜4月20日の花見のシーズンは大人200円、小人100円）
- 地下鉄星ヶ丘駅より名鉄バス五色園行き五色園下車
- 名古屋ICから東へ、古戦場南を南へ2km。ICから10分

おう
久々に人形モノですかい
昔、五色園で夜中にキモだめしをしたことがあって…めちゃめちゃ怖い思いをしたのですが
うわ
デロ〜ン
昼間にくると普通の公園っぽくて全然平気
春は桜の名所でもあるしね！
というわけで今回はバカルトスポットの基本、五色園をチェック！
五色園ワールドへ！
カモーン
ワタシが御案内しましょう
と思ったらヒモほどけちゃった
イヤ〜ン
とまあ、実にいろいろなポーズがあるものでして…
つっこみ入れたくなるよ
なんで田植えやねん！とか
なんでカボチャ持ってんねん！とか
なにやらありがたそうな人形やら…
わからない部分はパンフレットをもらって勉強しよう！
宗教的なシーンを人形で再現してるわけね
五色園
ジャイアント馬場にそっくりな人形は
大きさもビッグなのだ
顔みてるだけでもおもしろい
南無阿弥陀仏
なぞの念仏ばあちゃんがいたり…

採点表

人形度★★★
坊さん度★★★
お花見度★

ほかにもなにやら家族会議している場面やら…
お坊さんの集会シーンがあったりして、よくわからないが…
関ケ原ウォーランドや桃太郎神社とくらべると表情がとてもリアルなんだよね…
そしてついに！
思わず太郎人形といっしょにあやまるの図
すみません！オチが思いつきません

※1　園内の人形たちは100体近くあり、開園当初から何年もかかって作られた。以前はもっとたくさんあり、戦後、寺の土地が宅地として売却された際にかなりの数が廃棄処分されてしまったとか。

※2　五色園は何度も訪れている筆者も、この取材で初対面の人形がいくつもあった。目立たない場所にある人形はまだペンキの塗り替えが済んでおらず、色あせた風体に哀愁が漂う。

ハイテク&脱力ギャグ満載の個性派秘宝館

熱海秘宝館（静岡県熱海市）

秘宝館は高度成長期に生まれたニッポンオリジナルの性のテーマパーク。伊勢の「元祖国際秘宝館」を皮切りに70～80年代に全国各地次々と建てられた。同じ頃、日本を代表する温泉地として発展したのがご存じ熱海。この地に秘宝館があるのはいわば時代の必然だったと言って差し支えあるまい。

世界各国の性具、エッチなポーズのマネキン、ナニをご神体とする神社など王道的展示物ももちろんあるが、ここならではのテーマが「ハイテク&ユーモア」。昭和56年のオープン当時（※1）としては最先端だった（のかなぁ?）技術を駆使し、なおかつ大爆笑（かなぁ～?）なコーナーが目白押しだ。中でも目玉は「ウォーターマジック幻想浦島太郎」。ひなびたポルノ映像と水と光の競演をミックスさせたレトロファンタジックなステージ、そして案内板に書かれた「最高に面白い落ち」が何度見てもよくわからないシュールさは筆舌に尽くしがたい。

エロコミカルなアトラクションの数々にも脱力しまくり。2人乗り自転車をこぐと鏡に映った自分たちの姿がヌードに変身していくおもしろサイクリング、巫女さんの後姿が欲情を誘うおみくじ堂…。第2秘宝館ではエアロビのお姉さんが開脚するのに合わせて流れる「ヌイてイレて～♪」のメロディーもかなりツボにハマる。これはこれで、他の秘宝館にはないオリジナリティあふれる路線である。

恋人と2人で気分を盛り上げよう、なんて期待すると、逆になえなえになってしまうので要注意。何があっても“これは面白いんだ”と念じて無理矢理にでも面白がる、そんな虚心坦懐な心持ちでもって楽しんでもらいたい。

- 静岡県熱海市和田浜南町8-15
- TEL0557・83・5572
- 9時30分～17時　無休
- 1700円
- JR東海道線熱海駅からバスで熱海後楽園下車、ロープウェイ利用
- 東名高速沼津ICから40分

熱海秘宝館
とうとうデタ
熱海っす
秘宝館の独特の雰囲気を楽しむには、ちょっとした心得が必要です
この道20年
では秘宝館ウォッチャーのライター大竹氏に解説を…
まずむりやりテンションを思いっきり上げて向かうこと
ウヒャー
やってきました秘宝館!
大阪のレポーター、ターザンみたいに(だれも知らんか…)
入り口はなーんかせつないよな
ヒャッホー
必ずこういうエロ神社があるんだよな～
白蛇弁天
↑白蛇弁天だと
ドーン
胃にくる
くじらの宮
浮世絵にクジラの性器って絶対あるよね
そしてベタな定番マリリン・モンローねた
秘宝館前
スカートヒラリン待ってました!!
カシャ
カシャ
魅惑のコスモスロードだってさ
こえーよ
けっこうみんな真剣なのね
あっちこっちでなんか映画もやってるし
ダンディ風
やってのお楽しみ
おもしろサイクリング

3D映画の珍説一寸法師だって…
見えるかなー
しかしびっくりしたのは若い人からおじさんまでお客さんの多いこと!
この日はなぜかカップルもいっぱいいた…
※2
新しいブームがやってきつつあるのかも
オレの時代だ!
うおー

採点表

エロ度★★
ギャグはずしまくり度★★★
なぜかにぎわってる度★★

※1　秘宝館の前はハ虫類館だったとか。ちなみに経営は何と東京ドームの関連会社。松井も来たかなぁ。

※2　斜陽化の一途を辿る秘宝館業界だが、平成12年に閉館した鳥羽SF秘宝館のマネキンたちを買い取った編集者の都築響一氏が平成13年の横浜のアートフェスティバルでそれらを出展したところ長蛇の列ができるほどの大盛況。秘宝館のパワフルなアートセンスは、見せ方ひとつで今でも立派に通用することを証明した。

孤高の陶芸家の夢の庭園

虹の泉（三重県飯高町）

　三重と奈良を結ぶ山中、国道の脇に「虹の泉」と手書きされた小さな看板がポツンと立っている。何やらドリーミンな世界へ誘ってくれそうな予感に立ち寄ってみると、入口はトタン張りの小屋、無造作に転がったツルハシやスコップと工事現場のような雰囲気。だが一歩中に足を踏み入れると、目の前に広がるのはヨーロピアンなムードに包まれた広場。何とここは２０００坪もの敷地を陶製の彫刻で埋め尽くしたアートガーデンなのであった。

　作品はルネッサンス調で、ダ・ヴィンチみたいな老人が描かれた大陶壁、人間が木になって生えている森、壁にハメ込まれた色とりどりの陶板など、カウント不可能の膨大な数がひしめき合っている。野球だってできそうなスペースがびっしり彫刻だらけ。まるで誰かの脳内世界に迷いこんでしまったかのようだ。

　予備知識なしで観るだけでも相当スゴいが、その成り立ちを聞くと想像を絶する一徹ぶりにのけぞってしまう。驚くなかれこの庭園は陶芸家・東健次さんがたった1人で25年間ず〜〜っと作り続けているものなのだ！　もちろん現在も製作途中。いつになったら完成するのか、それとも完成の日は本当に訪れるのか？　それは東さん本人にもわからない。こんなことが可能なのはどこからも資金援助を受けていないから（※2）。すべては東さんの意志と行動のみによって決められていくのだ。

　一切にとらわれず自分だけの理想郷を作り続ける人生。芸術家にとってこれ以上の幸福はないのではあるまいか。俗世に浸った人間はいろんな意味で打ちのめされ、考えずにはいられない。俺の人生これでいいのか？

- 三重県飯南郡飯高町波瀬
- TEL0598・45・1046
- 9時〜17時　無休
- 大人500円　高校生200円　小中生100円
- JR名松線・近鉄山田線松阪駅から上木梶行きバスで1時間40分、波瀬バス停下車3分
- 伊勢自動車道勢和多気ICから国道368〜166号で1時間

こういう人も…
いるんだね

三重県の山奥にどんどん入って行くと…
見逃してしまいそうな小さな看板があります
陶芸
虹の泉
創作現場
うっ
なんとなく工事現場のようなココが…
なんと形容すればいーのか
これをすべてひとりで作っているのか…
諸星大二郎のマンガが現実になったようなというか…
知ってる?
虹の泉であります!

この人物がなかなか強烈で…
これは時代の流れに対する反逆でもあるんだよ。実現までに17年かかってるんだ…
たとえ飢え死にしても、人から頼まれたものを作って売る気はないよ
フフ
すっかり東氏のペースにのる2人
ガウディやオスロのミゲロの森とよく比較されるが、自治体や企業から援助を受けているものとは ちがう!不本意だ!!
ここではみんながまったくの個人にかえるんだよ…個性が何かわからない人に見てほしいね
日本ではできないと思って南米に2回、土地を購入したこともある…
すごい迫力
東健次さんなのです
※1

でも…
壁には見学者が参加できるスペースもある
4×16cmの陶板に
2002ねん おんせん たろう
自分の好きなことを書いて東さんが色づけし焼いてくれる
4000円です
毎日ここアトリエを往復…
この一年は町へ出てないよ……
まるで仙人のような生活だけどこういう生き方もアリなんだよな
うーむ

採点表

我が道を行く度★★★
作りかけ度★★
ド田舎度★★★

※1　“ミスター・継続は力なり”東健次さんは昭和13年生まれ。一切の制約を受けずに芸術に取り組みたい、という思いを実現するため昭和53年にこの地にたどり着いた。

※2　建設資金はすべて一般見学者の入場料と「イリスの壁」制作参加費4000円でまかなわれている。周囲の環境も含めて空間そのものを作品とする芸術はインスタレーションと呼ばれ、ガウディの森など世界各地に存在する。空間すべてを自分の作品で埋め尽くしてしまいたいという衝動は古今東西、アーティストにとって不可避のものであるらしい。

平成築城の7億円模擬天守閣

藤橋城（岐阜県藤橋村）

岐阜の山奥に建つ「藤橋城」。パッと見、立派な石垣の上に天守閣がそびえる典型的な戦国時代調の風貌なんだが、なぜか中身はプラネタリウム。しかも、史実にはないのに造っちゃったというなかなかに豪気なお城なのだ（※1）。

入口付近の看板には〝南北朝時代にこのあたりに砦があったんだからお城があったと考えても不思議じゃない〟という意味合いの言い訳めいたことが書かれていて、その回りくどい表現に田舎らしい奥ゆかしさが垣間見える。

築城は平成元年。村に徳山ダム建設にともなう交付金ががっぽり入り、そのうちの7億円をかけて観光の客寄せ用シンボルを作った、というのが本当の意味での城の由来。すぐ横にはこれまた6億円以上をかけたヨーロピアン調の吊り橋がかかり、緑の山々を背景に豪快なミスマッチぶりを披露してくれている。

橋を渡ると快適そうなオートキャンプ場があり、そう言えば村の入口にあった道の駅もやたらと広くてきれいだったとあらためて気付いたりする。この惜しげもないお金のかけっぷりに一時は何かとキナ臭い話題もふりまいてしまったが（※2）、今ではすっかりのどかさを取り戻している。当時の話題をフッても涼しい顔で答えてくれる職員さんたちのニュートラルな対応にもとても心が打たれる。

何はともあれ藤橋村自体はとても静かでよいところ。子どもたちを連れてくれれば、天文から歴史、地方政治のお勉強までひとまとめにでき、有意義な時間を送れること間違いなし。由緒のなさと莫大な建築費が引っかかるというのも真っ当なご意見ではございますが、それも含めて一度訪れる価値アリといったところでしょう。

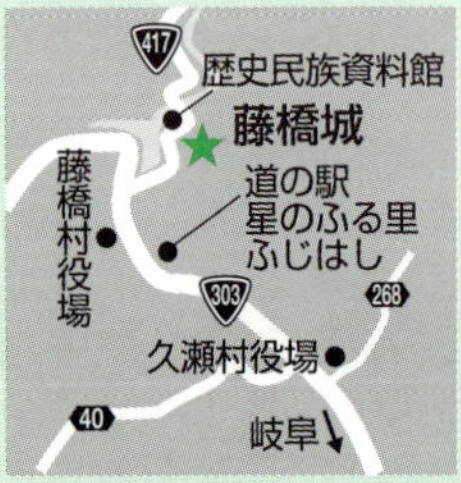

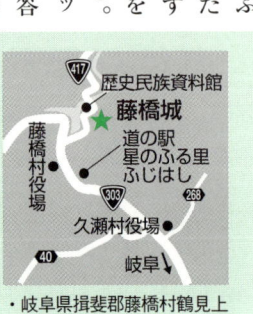

- 岐阜県揖斐郡藤橋村鶴見上平332-1
- TEL0585・52・2611
- 10時〜16時30分　月火曜休（週初めの2日間休、12〜3月は冬期休館）
- 大人500円　小人250円 幼児100円（歴史民族資料館共通）
- 名神高速大垣ICから国道303号〜417号で80分

今回は?
ほのぼのした城
今回のバカルトはどこ行くのー!?
体重4kg UP→
ね!
お城に行くぞ!しかも…
ただの城ではな〜い
なんと歴史にはないお城なのだ
?
つまり!!
藤橋村がつくっちゃった城なのだ
ちょんまげサービス中
普通に考えれば、こんな山奥に近世城郭をつくるハズはないんですけどねえ…
どーしてお城を?
6、7年前にはかなり騒動があって、新聞沙汰にもなりましたよね
イジワルな質問ばかりする大竹氏→
ズン
担当の大野さん
ハハハ
あれでかえって有名になっちゃって、一度見てみようっていうお客さんがたくさんみえましたよ。まあ、その時だけでしたが(笑)
どこまでも親切に答えてくれるなぁ
ごまかすそぶりもなく
ええ人じゃ〜
お城(高さ約27メートル)の1、2階はプラネタリウムになっている
見せてもらったがユ人ともすっかり眠ってしまいました
ぐー
ぐー

星にまつわるさまざまな展示物があるのだが…どれも手作り
だから
っぽくて、館員さんたちの愛着が感じられるものばかり…
さわってみよう
隕石
きわめつけはプラネタリウムの解説をするカッペ君
なんとなくほのぼのとした感じがする
アットホームじゃあ〜

採点表

税金投入度★★★
新聞沙汰度★★
熟睡度★★★

※1　マニアの間では墨俣城（岐阜県安八郡墨俣町）と並ぶ、なんちゃって城として通っている。これに清洲城を加えて、東海の威厳のないお城御三家とも称される。

※2　平成8～9年にかけてお城建設を推進した村長と巨額のダムマネーを狙った業者の間で大モメ。静かな山村に街宣車のアジテーションが響き渡り、全国的に注目を浴びた。

コマブーム発信地は名古屋にあり!?

日本独楽博物館（愛知県名古屋市）

　初めて「日本独楽博物館」を訪れたのはかれこれ10数年前のこと。学校帰りの小学生が集まり、奥さんの手ほどきを受けながらベーゴマに熱くなっているという何ともアットホームな雰囲気がとても印象的だった。この時、ご主人とは会えなかったのだが、聞くとちょうどこの頃、脱サラしてプロのコマ回し師として一本立ちしたのだという（※1）。以来10余年、今や年間300以上の公演をこなす押しも押されぬ第一人者。壁に掲げられた予定表を見ると全国津々浦々公演スケジュールがびっしり。人間、道を究めればコマひとつで食っていけるものなのだ。

　その日本一のコマ名人・藤田由仁さん（59歳）。「大道芸人がすごく難しそうに見せて観客に『とてもできない！』と思わせるのに対し、ワシはみんなに『やってみたい』と思わせることを心がけてるんや」とおっしゃるように、芸を披露するだけでなく一番の目的はその伝承。公演でも観客が参加できるワークショップ形式のものを優先して依頼を引き受けているという。

　博物館をオープンしたのは15年ほど前で、以前からコレクションしてきたコマや玩具を展示すると同時に子どもたちに日本の伝承遊びを伝えようと自宅を改装したのが始まり（※2）。

　施設は一見単なる倉庫みたいだが、世界60カ国のコマ2万点をはじめ江戸時代の手作り玩具や世界中の民族楽器など、かなりレアな展示内容となっている。

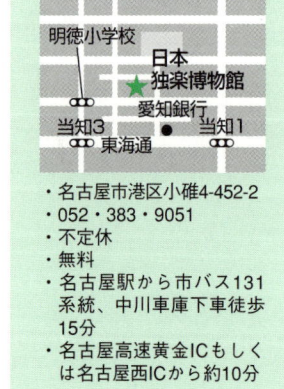

　巷じゃ数年前からベイブレードがブームだが実は昔ながらのコマも生産が追いつかないほどの人気とか。このひそかなブームの立役者こそがここの館長。いい大人がコマなんて…と思ってる人ほど一度やるとハマっちゃうゾ。

- 名古屋市港区小碓4-452-2
- 052・383・9051
- 不定休
- 無料
- 名古屋駅から市バス131系統、中川車庫下車徒歩15分
- 名古屋高速黄金ICもしくは名古屋西ICから約10分

日本独楽博物館
小さいころ、メンコやビー玉で遊んだ覚えはあるんだけど…
ペタン
ほげ～
コマで遊んだことはあまりなかったので…
バチン
36歳にしてはじめて投げコマのヒモの巻きつけ方を教わったのだが…
コマ名人藤田さん
1分でできるようになるぞ
何度やっても僕だけできませんでした…
↑大竹氏は成功!!
ヒョイ
コロン
うげっ
コマは難しい分、できた時に達成感がある。簡単にできたらすぐに飽きるだろー
ベイブレードなんて赤ちゃんゴマや！という藤田さん…
←こんな巨大ゴマもある
ほー
普通のコマひとつで100種くらいの技ができるのだそうだ…
と言ってる間にも…
指で回したり耳にぶらさげたり
さすが年間300ステージをこなす、コマのサーカス！
こまのサーカス

採点表

オヤジ名人度★★★
コレクション度★★★
童心に還る度★★

自宅を改装した館内にはコマがいっぱい！
すべてのケースにコマがびっしり
なぜかリカちゃんもあったりして
コマを販売してるコーナーもあって
コレくださ～い
最後にはふたりともどうしても欲しくなって買ってしまった
ユコ80円
ガキにもどってる…

※1　美容師を３年、その後サラリーマンを約30年。30代の頃からボランティアでコマの実演＆レクチャーを始め、49歳の時に会社を辞めてコマのプロとして独立した。
※2　オープン当初は南区にあった。平成元年に現在の場所に移転した。

奥三河に眠るアジアの秘宝

ヨコタ博物館（愛知県作手村）

アジアがブームだ。アジア料理のレストランが急増し、雑貨も大人気。旅行者もかなり増えてるらしい。

そんなトレンドを20年以上前から先取りしていたのが（？）タイやカンボジアの陶器や彫刻、民族衣装などを展示するヨコタ博物館。館長の横田正臣さん（78歳）はもともと三河初のスーパーマーケットを作った実業家で、30代の頃から東南アジアの魅力にハマって何度も旅するように。ある時、ラオスで古い器を手に入れたところ、考古学的に非常に価値のあるものだとわかり、これをきっかけに古陶器をコレクションするようになった（※1）。

その所蔵品を一般の人にも見てもらおうと昭和52年に鳳来町で横田南方民族美術館を設立。作手村の現在の施設は平成元年にオープンした（※2）。

陶器は大半が紀元前3世紀から18世紀に作られたもの。訪れたカンボジアの大臣があまりの充実ぶりにぶったまげ、「本国にも残っていない貴重な文化遺産だから何とか譲ってもらえないか」と頼み込んでいったそうだ。

こんな国際的なお宝がわんさかあるにもかかわらず、場所がへんぴなためか一般的には超マイナー。「一度でいいからお客さんゼロの日がない月を経験したい」という館長さんのささやかな願いが涙を誘う。公的な資金援助も受けず私財を注ぎ込んで運営を続けてきたが、国内での評価の低さに業を煮やし、とうとう収蔵品の一部をカンボジア政府に寄贈することにしてしまった（※3）。このままじゃキューバの野球選手みたいに海外流出に歯止めがかからなくなっちゃうかも。アジア好きな人は今のうちに訪れておいた方がいい。三河の山奥って言っても現地に行くよりゃ近いんだから。

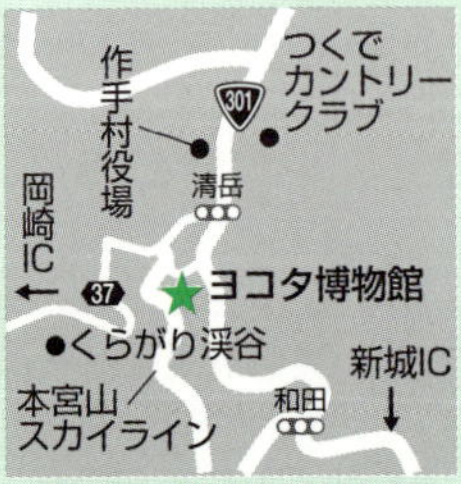

- 愛知県南設楽郡作手村白鳥北の入15-1鬼久保ふれあい広場内
- TEL05363・7・2613
- 10時～16時30分　火曜休
- 大人600円、小中学生400円
- JR新城駅から豊鉄バス高里行きで30分、川合バス停下車徒歩10分
- 東名岡崎ICから県道35・37号で約45分

その名の通り道はまっくら
うわー
落石
なんかすごいクネクネの山道だぞ
くらがり渓谷ってあるけど……
アトラス
ちゃんとナビしてよね~!
あ~ん
アトラス
すごい人がこんな山奥に!
到着!
すごい山の中にあるなー
受付のおばさんに体調がよくないのでインタビューは短かくと言われたあと、館長があらわれた……
うっ
館長の横田さん
チューブ
酸素吸入機
よろしく…
タイの古い陶器には日本のわびさびに通じる渋さがあるんですよね
そーいわれるとみんな上品だ
所蔵品は全部で2万点以上あるんですが、展示しているのはその2%くらい。随時、入れかえをしてるんですよ…
渋いけど味がありますね

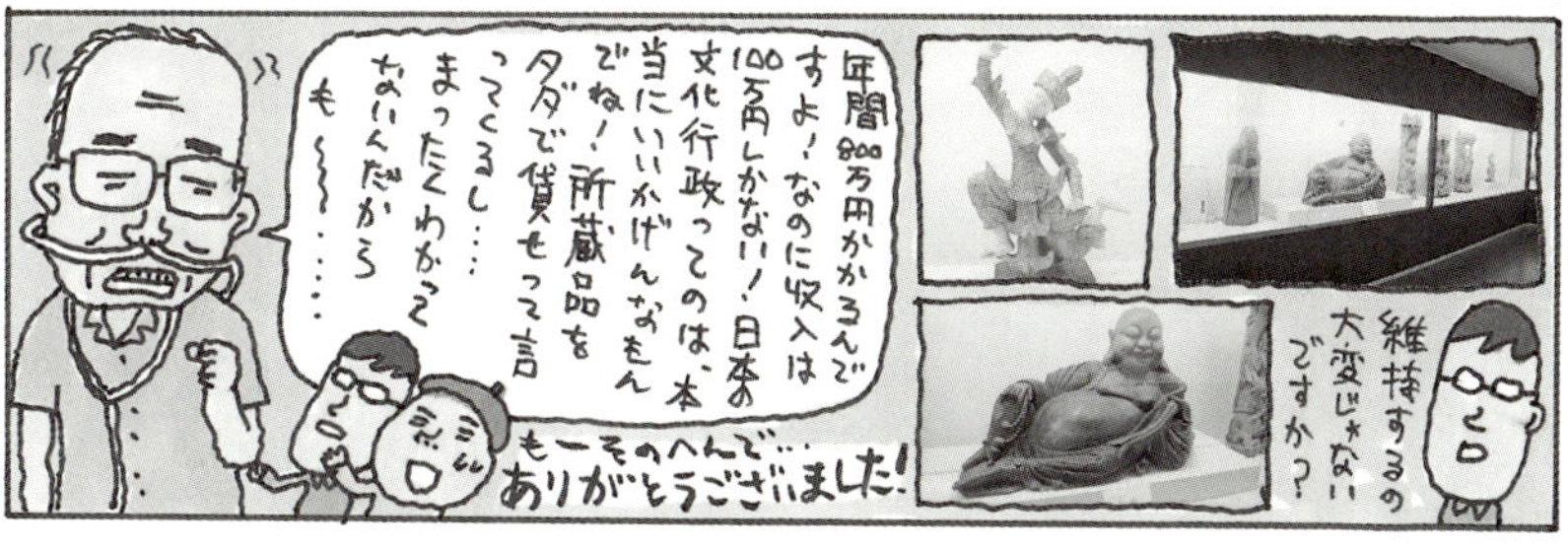

維持するの大変じゃないですか?
年間800万円かかるんですよ! なのに収入は100万円しかない! 日本の文化行政ってのは、本当にいいかげんなもんでね! 所蔵品をタダで貸せって言ってくるし…まったくわかってないんだから も~~……
もーそのへんで…ありがとうございました!

採点表

国宝級度★★☆
ド田舎度★★
ご冥福お祈りします度★★★

※1　陶器は主に現地の発掘業者から直接買い付ける。したがって一度も人出に渡ったことのないものがたくさんある。

※2　鳳来町では山奥の廃校を改装その後豊川市に移転した一時は2館を運営していたが、手が回らなくなり現在の施設に一本化した。

※3　平成14年3月に館長さんはカンボジア王国議会から招待を受けて来訪。その際、12世紀の壷を、8月にも収蔵品の一部を寄贈した。

※横田館長はこの取材の2カ月後にお亡くなりになりました。ご冥福をお祈りします。

『リング』のモデル！念写博士は高山出身！

福来博士《ふくらいはかせ》記念館（岐阜県高山市）

念写の研究に生涯を捧げた異端の心霊学者・福来友吉博士。ホラー映画『リング』のモデルとして一躍脚光を浴びたが、ブームになるずっと前から博士の業績をひっそりと伝え続けてきたのが、ここ「福来博士記念館」だ。(※1)

記念館は城山の公園に隣接するお茶屋さんの奥にぽつねんと建っている。まるで人目をはばかるようで、オカルトちっくなムードもぷんぷん漂う。

10坪ほどの小さな館内には博士が実験で写した念写写真の数々が並べられている。これだけ見せられてもただの写真なのか念写なのかは判別できないので、信じたい人は信じればいいとしか言えないのだが、その解説文が実に超常ミュージアムにふさわしい名文。実験当日には写らずになぜか2日後に現れたという写真には「念写は空間・時間にとらわれずに広がることが証明されました」、寺を念写しようとしたのに代わりに写ってしまったという弘法大師の肖像には「霊魂が消滅せず永遠に行き続けることの証明である」。実験、失敗してるやん！とツッコミたくなる結果にもこんな調子で爽やかかつ強引に言い切る。どうしてそんな証明になるのか理解不能な魔法の論法。これこそアンビリーバボー！だ。

昭和30年当時、高山市長に宛てた設立嘆願書も必見。博士の業績を切々と訴える書面に対し、返ってきたのはこんな手紙。「城山公園は公の風致地区でもあるので他の工地を選ぶよう御願いします。」…って迷惑がられてるやん！　それより、そんな返事わざわざパネルで紹介しなくたっていいやん！(※2)

こんな過去も隠さず披露するバカ正直さに、積もり積もった疑念もきれいさっぱり晴れてしまう、かもぉ〜？

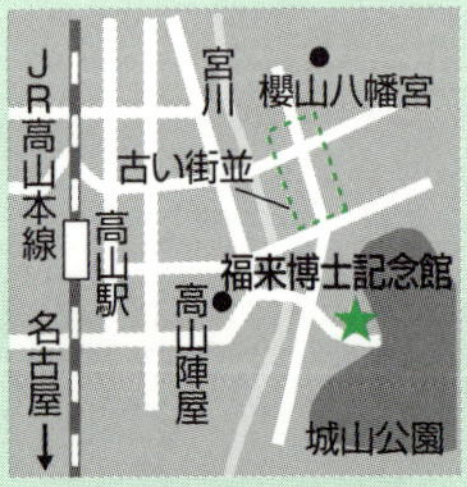

- 岐阜県高山市堀端町8
- 8時〜18時（11〜3月は8時30分〜17時）不定休
- 大人200円　小学生100円（照連寺共通）
- JR高山駅から徒歩15分
- 東海北陸自動車道飛騨清見ICから30分

取材の前にもう一回「リング」を観ようと思ったけど
リング
リング
ラセン
きっとくる〜
きっとくる〜
こわいのでやめちゃいました
しかし実際に貞子の元になった人物が念写した写真があると思うとかなり気になってくるよな〜
ユラ〜
ユラ〜
貞子〜
コワイよ〜
で高山まで行くことに……
帰りに高山ラーメン食べさせてやるから!!
観光したいよ〜
イヤー
ダメ
というわけで、おもいっきり地味な福来博士記念館へ…
中はほとんどがパネル展示という地味さ
福来博士
この人が福来博士
カメラを使わずに、頭の中で思い描いた文字や絵がネガに写ってしまう念写の実験をたくさん行った人だ…
その中に貞子のモデルになった人もいたんだな
だが博士の理論はほとんど受け入れられず、実験もインチキあつかいされたのだ…
世界最初の念写
↑最初の念写
6枚目
7枚目
「金」の字と「天」の字が写っている念写写真
実際に見るとちょっとコワイな〜

採点表

超常度★★★
不遇度★★★
眉ツバ度★★★★

すごいのはコレ↓
月の裏面の透視と念写
なんと月の裏面を透視して乾板に念写したものだという
しかし、どーも解説を読んでも理解不可能なものが多い…
↑こんな本もおかれている
日本のルーツ飛騨
トンデモ本のたぐいに入りそうだ
まあよっぽどオカルト好きな人は行ってちょーだいって感じですな
高山ラーメン←

※1　記念館は昭和31年設立。発起人は福来博士の弟子の山本健造氏。高山の隣の国府町には山本氏の主宰する「飛騨福来心理学研究所」がある。合わせて取材しようとアポを入れたがやんわりと断られました。

※2　市長に断られたのに次の年にはちゃんと城山公園に作ってるやん！　これぞ超能力か！？…と色めき立ったのだが、お茶屋のおばちゃんに聞いたら「ここは公園の横だけど私有地なの」とあっさりタネ明かしされてしまった。

懐深すぎの宗教の楽園

風天洞《ふうてんどう》（愛知県足助町）

紅葉のメッカ・足助町。その裏名所が岩戸山観世音寺、通称「風天洞」だ。参道には頭でっかちな仁王像、首から上が干支の鶏や猿になっているブキミな観音像など、個性的な仏像の数々が立ち並ぶ。寺なのに狛犬や鳥居や七福神があったり、単なる素焼きのタヌキがタヌキ大明神と名づけらてたり、乃木大将像や戦艦陸奥のほこら、車輪を持った自動車観音様なんてものまで。縁起物なら何でもござれの大ざっぱな宗教観で、まるで神様仏様の見本市みたいな状態になっている。（※1）

目玉は巨岩が積み重なる風天洞巡り。狭～い穴の中を上ったり降りたり、閉所恐怖症の人なら発狂しそうな洞穴が５００ｍも続く。しかも、ここにも数限りない仏神像が。こんな穴の中に一体どうやって運び入れたんだ?と考えると夜も眠れなくなりそう。やっとの思いで洞窟から出ると、今度は巨岩の底に描かれた寝拝み観音が。一体どうやって描いたんだァ～!?とまたまた眠れなくなっちゃいそうだ。（※2）

他にもなぜかガラクタにしか見えない古道具が並べられた展示室、地べたにヘビらしき作り物が置いてあるだけのツトヘビ様などありがたがるべきなのかよくわからないスポットが続く。さらに山のてっぺんには作りかけの仏像がゴロゴロと安置（というか放置?）されている。

聞けばこのお寺はご住職自らパワーショベルを操って開発してきたのだとか。ってことはこの先もっとスゴい宗教ワンダーランドになっていくのか？ 完成すれば33mで日本一になるはずの観世音菩薩像は何年も前から頭だけで野ざらしだが、これからも何でもありの宗教ワールドをずんずんと切り拓いていってもらいたい！

- 愛知県東加茂郡足助町大蔵
- TEL0565・64・2279
- ９時～17時　無休
- 風天洞入場料
  大人1000円・子ども500円
- 猿投グリーンロード力石ICから国道153～県道344号で約30分

岩戸山観世音寺
風天洞
最近、太りぎみの私はちょっと山道を歩くだけででっぷり70%オーバー
ブヒヒ
すぐに大汗かいて息があがってしまうのです
あーんまってー
ハァハァ
風天洞に行くまでのちょっとした登り坂で、すっかりヘロヘロに……
はーはー
すげー運動不足だな
コシがいたかー
かがみすぎだよ
なんでもアリってかんじ……
と中にはいろんな石像がいっぱい
ぽっくり堂
当山名物
無病パンツ 嫁いらず
ぽっくりパンツ 医者いらず
延命パンツ 老知らず
なかにはぽっくり堂ってのもあってパンツとか売ってたりして
なんだコリャ
医者いらずぽっくりパンツって……すごい
いよいよ洞内へ……
岩
岩
岩
風天洞
岩と岩のすき間から中へ入る
中にも仏神像がウジャウジャある
気をつけてないと天井の岩で頭をぶつけてしまう狭さ…
うぐっ！
ゴン
まってよ大竹さ～ん
せまいよーくらいよーこわいよー
はやく出たいよー
前かがみで腰がイタイ！
出てくると寝拝み観音の絵が天井にある
※3
寝ながら見上げる…
そして山のてっぺんには作りかけの巨大な観音像が野ざらしに…
作りっぱなし！

採点表

穴度★★★

神様仏様度★★★

作りかけ度★★

※1　観世音寺は1178年開祖の古刹。長い間住職不在で放置されていたが、昭和50年代になって豊田市のお寺の住職である林海雄和尚が引き受けることになった。海雄和尚は蒲郡の大聖寺大秘殿（56ページにて紹介）の住職も兼任。

※2　檀家がいないため観光化して収入を得ようと埋もれていた洞窟を整備し、昭和50年に風天洞をオープン。採掘を担当したフーテンみたいな職人が風天神に似ていたから、このネーミングにしたとか（ホンマかいな？）

※3　寝拝み観音像の作者は、かつての１万円札の聖徳太子像の作者の息子さんとのこと。

自分ミュージアムの決定版！

日本土《ど》鈴《れい》館《かん》（岐阜県白鳥町）

モノ集めで一番の問題は蒐集と整理の攻守のバランス。途中で集めるのに飽きる、あるいは整理できず他人から見たらゴミ同然のガラクタの山を積み上げ続ける。ほとんどの人はどちらかのパターンにおちいるのが関の山だ。

その点、「日本土鈴館」の館長・遠山一男さん（74歳）はスゴい。50年かけて集めた1万5000点の土鈴を披露するために同館を昭和61年にオープンし、その後、土鈴以外の所蔵品も公開しようと次々と増築。そこに郷土玩具からアジア民芸品、乗車券、箸袋までもがびっしり並ぶ（※1）。こんな守備範囲広げすぎの蒐集にもかかわらず、超人的な整理能力のおかげで奇跡的に整然さを保っている。土鈴は県別にきれいに陳列されてるし、箸袋だって年代順にアルバムに貼り付けられてる。6万点もの収蔵品を1人で管理しながら破綻の兆しはなし。ほとんど神業だ。

鑑定団に査定させたら天文学的プライスになりそうなこの膨大なコレクション、一体どうやって集めたのか？

「大好きな旅をしながら食べていける方法はないかと考え、地方の特産品を売り歩こうと思いついたんです。九州のまんじゅうや漬物を買っては夜行列車で東北まで行って売る。いわばお土産のブローカーですわな。そうやって全国歩いてると古い蔵の取り壊しの情報などが入ってくるようになる。そこに駆けつけては土鈴などをタダ同然で譲ってもらう。次はそこの家からまた情報が入る。そうやってどんどんモノを集めていったんです」（※2）

金はかけずに自分の足と人とのつながりでゲットする。これぞ蒐集家の鑑！　さすが昭和ヒトケタ、道楽の仕方も地に足がついてるのだ。脱帽。

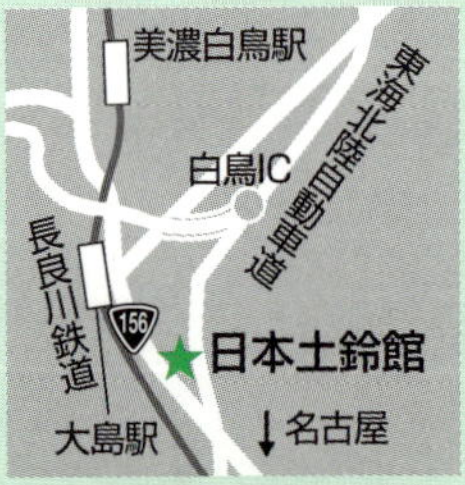

- 岐阜県郡上郡白鳥町大島
- 8時30分〜17時　無休
- 大人500円 小中学生300円
- 長良川鉄道大島駅から徒歩15分
- 東海北陸自動車道白鳥ICから国道156号で5分

今回はすごそうね
コレはディープっす
甘くみてましたこの日本土鈴館、土鈴だけだと思ってたらなんとそれだけじゃないのだ！
穴場ですぜ…
74歳の遠山館長
なんというのか、館長の遠山さん74年間の人生をかけて集めたモノの集大成なのである
フハハハ
とにかくなんでも集めちゃう人なんだよね…
ウーむ
それがカンペキに整理されてるのがスゴイ！
超人的だよね
入り口の近くは土鈴の販売などのお土産コーナーになっているのだが、
少し進むと全国のあらゆるタイプの土鈴がそろった土鈴館へと入る…
天井には遠山さんが集めた全国のちょうちんがびっしり並んでるのも圧巻！
すべて整理整頓
さらに奥にはなぜか、はし袋やマッチ、乗車券などが出現！遠山さんの過去へとさかのぼる
通路の両サイドにも展示物がどっさり
スキマなし…
ひな人形
全国の郷土玩具
木工玩具
アジアの民芸品
アジア民芸館
リビ
さらに奥へ
やすらぎ館
福助
土人形
グリコのおまけ
ココからがスゴイ
干支の土鈴
カッパグッズ
エッチな土鈴コーナー
こんなのもあったりして

全国の土鈴を集めた土鈴館
いろいろ変わる企画コーナーも作られている
かべのケースには土鈴がびっしり
きんさんぎんさんの土鈴もあった
きんさん ぎんさん
昭和初期の貴重な土鈴
お土産などを売っているふるさと館
ラストの民芸館は遠山さんが世界を旅行した各地のお土産がどっさり
なんだコリャー!!
そしてなぜかグリコのおもちゃ、ウルトラマンの人形、ペコちゃんグッズなどが展示されている
一体、ココはどこなのだ…
ペコちゃん
ソフビのおもちゃ

採点表

コレクション度★★★
整理整頓度★★★
継ぎ足し度★★

※1　あの元祖国際秘宝館ももともとは初代館長が個人的に集めていた性に関する世界の民芸品を披露するために作られた。蒐集癖が高じてミュージアムを作る、野生の王国アニマル邸江戸屋や日本独楽博物館もこのパターン。

※2　戦後間もない25歳の時にこのビジネスを始めた。全国を飛び回りながら蒐集をしていたのでなるべくかさばらないものを、と土鈴を集めることにしたとか。当時は国内間でも物流があまり盛んではなく、人々にとって他府県の特産品は珍重すべきものだった。昭和40年代以降、観光ブームが到来し、館長さんの事業はますます発展したと言う。

ゴジラフィーバーで記念館も大人気！

松井秀喜野球の館（石川県根上町《ねあがりまち》）

祝・メジャー挑戦!! ゴジラ松井がＦＡ宣言したのは今回の取材のアポ入れ翌日。記者会見を見ながら思わず目頭を押さえてしまった僕は（中日ファンなのに）、グッと涙をこらえて一路彼の郷里へと車を飛ばしたのだった。

一躍旬のスポットとなった「松井秀喜野球の館」は、野球少年や巨人ファンのオジさんはもとより物見遊山のオバさんの団体までが観光バスで乗りつける一大観光地となっていた（※1）。取材当日も平日だというのに見学者はひっきりなし。聞けばＦＡ宣言直後の３連休には連日３０００人もが押し寄せたとか。入館無料というウエルカムな方針のおかげもあるとは言え（※2）、当連載で取り上げた施設の中ではダントツ、根上町でも最も人が集まる場所と断言して間違いない。それにしても20人も入れば満員だから実に１５０回転。ラーメンの博多一風堂も真っ青だ。

展示品は幼少期から現在にいたるまでの写真、野球道具、ユニフォーム、トロフィー、トレカなどなど。肥満児だった子ども時代の写真に目を細める、実物大パネルと並んで記念撮影する、高校時代の新聞スクラップをめくって「明徳許せん！」と過去を蒸し返す、プロでの全ホームランのデータを球種・カウント・飛距離など事細かに記したパネルを見上げ「やっぱり徐々にレフトへも運べるようになってるな」と通を気取ってみせる、関心の程度によっていろんな楽しみ方ができる。もちろんお土産はレア物化必至の巨人時代のグッズだ（※3）。

さて、気になるのはメジャーでどれくらい打てるのか。僕の予想は2割9分8厘の34ホーマー。松井フィギュアを賭けるんで誰か勝負しましょう（※4）。

- 石川県能美郡根上町山口町口137
- TEL0761・22・2447
- 10時～17時　火曜休
- 無料
- 名古屋からJR小松駅まで特急で約2時間半。小松駅からタクシーで約10分
- 東海北陸自動車道小松ICから約5分。名古屋から約3時間

Neagari
ホームラン
50
HIDEKI MATSUI BASEBALL MUSEUM
根上町
実は私、ものすごい野球オンチでして……
セリーグとパリーグもよくわからないくらいで……
タッチアップって意味を最近知ったりして
一方の大竹氏は野球の大ファン!!
セリーグでは王以来の50ホーマーを打ったんだぞ
松井のすごさは常にレベルアップしてることちょっとずつフォームも変ってるし、入団1年目が11HR、2年目が20本、3年目が21本、4年目が……
ペラペラ
ホゲー
松井は名前だけ知ってる
なんちゅーことを!!
松井ってそんなにすごいの?
打球が速いし飛距離があるし、ホームランもほとんどライナーだしさー
ついたよ
もはや話題の観光スポットとなってしまったが外観はいたって地味な感じ
ウラには実家がある
5億円プレイヤーのわりには質素な実家
みんな写真をとってた……
館内は決して広くないが、松井ゆかりのグッズがびっしり
おばちゃんの団体がスゴイねー
等身大パネルもあった
高校時代に使った練習用バットもあったよ
真しんがケズれている→
他にも小学時代に使った野球用品がならべてあったりするんだが…
大竹氏が感動してたのが膨大な新聞のキリ抜き…すごい資料だ!
なつかしー
小六で書いた本人の作文などもあった

顔でけー!
ぼくがびっくりしたのは松井の赤ちゃん時代の写真!!
しかしなんといっても大人気だったのがおみやげコーナー!
みんな巨人のグッズだったから今となってはこりゃレアですよ
メジャーに行ったらゴジラ松井サブレとかどーなっちゃうのかなぁ
大竹氏は松井フィギュア買った
わーい

採点表

野球ファン必見度★★
にぎわってる度★★★
親バカ度★★

※1　駐車場150台分を完備。松井のお父さんが教祖をしている宗教法人・瑠璃教との共同だが、田んぼだらけの中に広大な駐車場が広がる様は圧巻。

※2　ちなみにイチロー記念館「アイ・ファイン」（愛知県豊山町）は入館料900円。あれだけ稼いでる人がファンから小銭を徴収するというのはいかがなものか。イチローの名前で商売してる以上親父がやってるだけという言い訳は通用しないぞ。もっとも「落合博満野球記念館」（和歌山県太地町）はさらにツワモノだけど（入館料何と2000円。取材で訪れる記者やカメラマンからも徴収することで有名）

※3　現在はヤンキース仕様のグッズを販売。Tシャツ、キーホルダー、スナック類などがあり。

※4　ご存じの通り予想は大ハズレ。でも懲りずに2年目の予想。3割1分2厘に今度こそ34ホーマー。頼むぞッ！

超リアルな縮尺ジオラマがいっぱい

紫峰《しほう》人形美術館（愛知県高浜市）

人形系は当コーナーにとって定番中の定番（※1）。だが、今回はおバカ度ぬきで、ただピュアにスゴイ、と感嘆できる施設の登場だ。

ミニチュア人形たちによるジオラマの精巧さがとにかく圧巻。芝居小屋を窓越しにのぞくと何十体もが舞台を見ながら笑い、長屋の奥では寝そべったり一杯引っかけてたりする。ちゃぶ台やとっくりなど小道具も小指のツメほどのサイズでしっかり作り込まれている。執拗なまでの写実志向は、ついには襦袢の奥にチラリとのぞくヘアの一本一本まで描き込んじゃってる。

人形の数もタダゴトではない。公称3万体。だが、実数は支配人さんすら「数えてないからわからない」というまさに底知れぬ人形ワールドなのだ。

運営は節句人形メーカーの吉浜人形。創業者の花雲斎《かうんさい》紫峰《しほう》氏が昭和60年に設立し、現在は2代目社長の玉秀さんが後を継いでいる。名前の通り玉秀さんも人形師で、展示品の徳川三代記などは自作の一品だ。

作品はどれも気が遠くなりそうな細かさだが、そこはさすがにプロ。技術的にはオチャノコサイサイ。むしろアイデアや時代考証を含めたプロデュース力が決め手という（※2）。「年間維持費がン千万円かかる。のめ込むと大変だからなるべく距離を置くようにしてるんです」と語る玉秀さんだが、すでに10棟の家と100体の人形による新作が完成しデビュー間近とか（※3）。やはり人形系にはかかわる人を引きずり込む強烈な磁力があるに違いない。

見た目は純粋にマトモだが、そこには常識や理性では抑えきれない、人形に賭ける熱き血潮がたぎっているのであった。

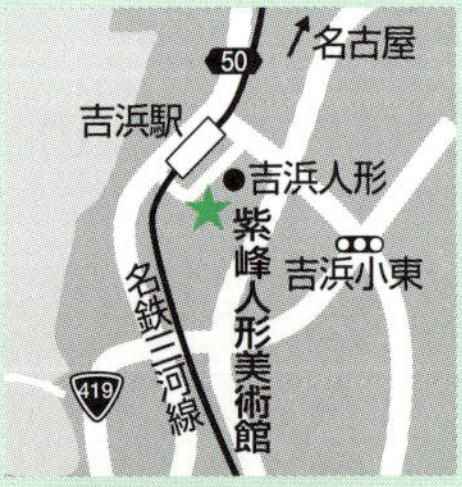

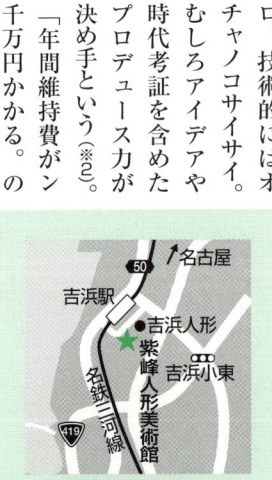

- 愛知県高浜市屋敷町1-5-14
- TEL0566・52・2120
- 9時30分～16時入館　無休
- 大人800円　小中学生400円
- 名鉄三河線吉浜駅から徒歩2分
- 知立バイパス（国道23号）西中ICから約15分

小さなとこまで…
超リアル!
数々の珍人形スポットを取材してきた大竹氏も今回はうなった!
うーむ
コリャスゴイわ
吉浜人形のやってる人形美術館の芸の細かさに感心したのだ…
江戸の歌舞伎のようすをジオラマで再現したにぎやかな町のようす
窓からのぞくと町人たちがウジャウジャといて、これが全部超リアル
社長の神谷孝一さん 58才
美術館は現会長の父が作ったんですが、道楽すぎて、こんな施設は2度と作れませんね(笑)
維持費だけでもン千万円
ひぇえ!
東海道中膝栗毛では各地の名所を人形がカッポしているし…
日本のまつりシリーズでは機械仕掛けで人形がカタカタ動く
某○○ランドのイッツ・ア・○○○・ワールドよりシュール
ステージ形式の日本昔ばなし劇場も
神話時代から第二次世界大戦までを描いたちょっと変った人形コーナーもあるのだ!

そこで、ちょっとよく観察すると、お色気っぽい人形もあって笑えるのだ!
入浴姿やこしまき姿…
江戸時代の女ブロとそれをのぞく男とか……
角度によってはヘアが見える人形も発見!
どこにあるかさがしてみよう! おさいせんが目印だよ~

採点表

人形度★★★
精巧すぎ度★★★
お色気度★

※1　秘宝館や関ケ原ウオーランド、五色園、伊豆極楽苑などなど。紫峰人形美術館のような丹念で細かい作業が必要なミニチュア人形の展示はむしろ稀で、超法規的デッサンを力技で押し通す等身大人形パークが多い。

※2　基本的な作り方は商品の節句人形とほぼ同様だが、表情がよりリアルなのが展示作品の特徴。博物館などから作品制作の依頼もしばしばあるが、完全オリジナルのため一作品あたりの予算は何と億単位。これを聞いてほとんどの施設は発注を断念するという。

※3　展示作品はしばしば入れ替えている。筆者がかつて訪れた際に気に入った「女性ににじり寄るフンドシ姿のオジさん」のいる江戸時代の宿のジオラマは残念ながらお蔵入りとなっていた。

特大！激甘!!キミは完食できるか!?

マウンテン（名古屋市）

人はなぜ頂上を目指すのか？そこに山があるからだ。人はなぜマウンテンに挑むのか？　そこに山のようにそそり立つ料理があるからだ。

ルール無用のバトルロイヤルな料理を問答無用のファンキーなボリュームで出すことで全国にその名をとどろかす名古屋の名物喫茶「マウンテン（※1）」。食欲に自信のある大食漢たちの前に巨大な壁として立ちはだかるのは、量よりもむしろテイスト。最も制覇困難な高峰として恐れられている「甘口抹茶小倉スパ」は見るからに毒々しい真緑の麺に生クリーム、あんこ、フルーツがどどん！と盛られまさに山のごとし。トッピングが甘いだけならまだいいが、１kgはあろうかというスパ自体がなぜかアメリカ人も真っ青の超激甘。しかもとってもオイリーで、麺と麺がねっとりとからみ合い、フォークで巻き取ろうとするだけでずっしりと重量感が伝わってくる。食べても食べても減らない無間スウィート地獄は、一歩踏み出すごとに足がハマって進めなくなるまさしく雪山のごとし。

「しるこスパ」なんてものもあり、こちらは器が深さ10cmはある土鍋。名前の通り甘いしるこに麺がどっぷり浸っている。見た目はほぼうどん。スパを使う意味がよくわからない。って言うかもっと抜本的な部分で意味不明なんだけど（※2）。

周辺の大学ではコンパのイッキ以上にここの甘口スパ完食が新入生歓迎の必須儀式になってるとか。今では胃袋自慢の若者たちが日本各地から訪れる大食い界のチョモランマとも言うべき存在に。テレビ東京は是非大食い選手権を復活させて、女王・赤坂をここに送り込んでもらえまいか。

・名古屋市昭和区滝川町47-86
・TEL052・832・0897
・７時～22時　月曜休
・地下鉄鶴舞線いりなか駅徒歩10分。児童福祉センター東交差点右折、幼稚園向かい。

会う人、会う人みんなに「太った!」と言われて、気にはしてたんだけど
ちょっと
やばいかも…
体重計
もうすぐ80kg…
ある日、ふとしたきっかけから、近所の病院で血液検査をしてもらったところ、医者から電話が!
血液の成分の数値に異常があるのですぐ八事日赤へ行くように!
明日すぐに!
ガーン
肝臓に異常があるようですね
先生
さっそくCTスキャンをしてもらうと…
ウィー…
見事な脂肪肝ですな
フォアグラになってますよ
食事に気をつけてくださいね…
アブラものや甘いものはひかえて
運動しろよ!!
また太った
その翌週にこの取材が…
特大・激甘の甘口スパと特大かき氷食べに行くから!
なんてナイスなタイミング
いっぱい食べてね
大竹氏
マウンテン
オレ…ある意味命がけ?
オレなんてもう何回もきてるからさー
マスターの加納幸助さんがまたいい人で…
好きなだけ食べてきーよ
新メニューで、ゴーヤしるこスパってのも作ったんだわー
GENTL

もーやけくそ
再びトライ!
うおー
ちょっとげんなり
結局これだけしか食べきれませんでしたが甘口だと割り切って食べると奥深い!!
甘い! とにかく甘い!
甘口抹茶小倉スパ 800円
モチ
ゴーヤのニョッキ
小倉
クリーム
ゴーヤしるこスパ 800円
これは辛
マンゴースペシャル氷 800円
食ったるでー ※3
で
というわけで、ついに温泉太郎実物登場

採点表

ゲテ物度★★★
激甘度★★★
オヤジキャラ度★★

※1　オープンは昭和42年。現在の店舗にリニューアルしたのは昭和49年。このあたりはもともと徳川家家老・滝川家の山だったことから、マウンテンという店名にしたとか。

※2　甘口スパはこの他、甘口バナナスパ、甘口いちごスパ、甘口キーウイスパ、メロンパンスパがあり各800円。ネーミング通りのヴィヴィッドなカラーリングが食欲を刺激する（?）。

※3　スパゲティが甘いんだからかき氷が辛いのもむしろ当然（?）。5種類のスパイスを駆使して辛さを追求したこだわりの一品だ。ゴーヤしるこスパはゴーヤの他、ウコンも使って“沖縄を演出”。「やっぱ料理は健康にも気をつかわないかんでよ～」（マスター談）と、見た目はゲテモノだが実は真摯な料理人魂が注がれてるのだ（!?）。

金の魔力にみんなメロメロ

土肥《とい》金山（静岡県伊豆市土肥）

人形と金。このそそるキーワードの合わせ技に食指をピクピク動かされてしまう「土肥金山」。昭和45年、国内で初めて金採掘の坑道を公開した、さすがニッポンの観光をリードしてきた伊豆ならではの先駆的スポットだ（※1）。

入口前の池では金ピカ等身大人形と金色の鯉、いきなりまばゆいばかりのゴールデンコンビがご登場。薄暗い坑道の中ではフンドシ姿のマネキンたちが往時の採掘風景を再現する。たくましいボディの人形からたちのぼるガテンなフェロモンはある種のマニアにはたまらないかも。ストレートな趣味の殿方向けには女坑夫が入浴するお色気シーンも用意され、秘宝館ちっくなサービスも怠りなし。唯一残念といえば、人形の出来が完壁でしょぼくれた場末感がゼロなことか…（※2）。

黄金館の目玉は200kg時価2億円超、ギネスにも申請中の大金塊。だが、見学者の邪念を最も刺激するのは隣の12・5kg1500万円ののべ棒。展示ケースに腕が入るほどの穴が開けられ、”取れるもんなら取ってみな“と言わんばかりのコワク的な輝きを放っている。みんな”せっかくだからちょっとさわってみるか“という表情をよそおいつつも結構本気で金塊を引っ張り出そうとするんだが、もちろん重くて持ち上げられない。

これで金への欲望に火がついたら、砂金取り体験でリベンジ。ところが、これが2～3粒しか取れなかったりするもんだから、最後に待ち構えるお土産コーナーで金グッズを買わないと気がおさまらなくなっちゃう。

金塊にタッチさせるだけで結果的にお客の財布からお金を落とさせる。山枯れてなお金を生み出す、これぞ土肥金山の錬金術商法！

- 静岡県伊豆市土肥2726
- TEL0558・98・0800
- 9時～16時30分入場受付　無休
- 大人840円　小人420円
- 修善寺駅からバスで50分
- 東名高速沼津ICから1時間30分

土肥金山
土肥金山 坑内めぐり
今回は金づくし…金のテーマパークってだけで、なんかありがたいね
外観はフツーのドライブインみたいだけど…
その横にひっそりと金採掘の坑道がある
金塊だってさ
ちょっと見たい気も…
行こうよー
抗道はもともと100KM以上あったそう
中はそう暗くない
ヒンヤリ
今までバカルトで行ったさまざまな『穴』にくらべるとすごくきれいで、歩きやすいのが印象的だ…
頭も打たないしね(笑)…
電動で動く人形もある
リアル～
トンネルを抜けるとそこには金塊があった……
そしてついに200キログラム、時価7億3000万円の金塊が登場!
ドカーン
こっちが1500万円の小さい方の金塊
すげー重かった～
まったくびくともしない重さ! たたいてもひっかいてもダメでした
世界一の巨大金塊
こういうの団体のおやじたちが好きなんだよな
おまちかねのお色気シーンもアリ…
ムフッ

お土産品も金箔張りのツボや皿などがいっぱい。数か月前にはドロボーに入られ、高価なものが盗まれてしまったとか……
で、さらに進むと……なんと砂金採りの体験コーナーが! コレが名物
観光にきていた夫婦が挑戦中
水の中でおぼんを回しながら砂の中の金のツブを見つけるのだが、
金は比重が重いので残る…
30粒以上ゲットすると名前が貼り出される 歴代のトップはなんと85粒!
大竹は3粒だった
品
やった～

採点表

穴度★★★
人形度★
金の誘惑度★★★

※1　江戸時代から昭和40年まで400年にわたりここで金が採掘されていた。観光金山では他に佐渡が有名。あの大分県・中津江村にもその名も「地底博物館鯛生金山」がある。もちろんマネキンあり。

※2　実物大マネキンは昭和50年代から導入を始め現在18体。随時ニューモデルを追加している。

「夢のモーニング」店はインテリアも…

京丹後《きょうたんご》　雅《みやび》（愛知県高浜市）

以前、『東海じゃらん』の企画で「名古屋のモーニング」特集をやったんだけど、その時最もワンダフルだったのがここ。店主自ら名付けたその名も「夢のモーニング」は480円で15品目以上のおかず付き。洋風バージョンは洋風なのに煮物がどっさり。さらにトーストがあるのにサンドイッチも付く。豪華絢爛ごった煮バトルロイヤル状態…。何から手をつけていいのかわからないほどの超～盛りだくさんのモーニングが食べられるのだ（※1）。

すごいのは料理だけじゃなく、ミクスチャージャポニズムとも言うべきインテリア、ママさんのキャラクターもまた夢に出てきそうなほどに強烈。お客から〝先生〟と呼ばれている奥野恵美さん（74歳）はもともと着付けのお師匠さんで、48歳の時、ご主人を京都に残して単身赴任。それから15年後、なぜか突然「お料理屋さんをやりたい」と思い立ちこの店を始めたとか（※2）。

もともと民家だった店は、洋館風なのに屋根には金シャチが燦然と輝き、安土桃山調に彩られた和室にはイタリア製のシャンデリアがぶら下がる。トイレは畳敷きで象の置物があり、座敷の片隅には玉砂利が敷かれ模型の鶴が並ぶ室内日本庭園が。さらにあちこちの壁には浮世絵が描かれている。まるで日本フェチの外人が無理矢理作っちゃったみたいな不思議なバランス感覚の空間が非日常の世界へ誘ってくれる。

「私は夢を売ってるの。人生は夢よ」と語るママさんのまるで妖力を操るかのごとき話術に引き込まれつつ、朝から腹一杯の夢うつつ。モーニングなのに完全予約制、ってのも何だか禁断っぽくてソソられてしまうのだ（参考までに料理はマジうまです、念のため）。

- 愛知県高浜市沢渡町4-5-11
- TEL0566・53・6777
- 9時～21時（休憩時間有・完全予約制）月曜休
- 名鉄三河線三河高浜駅から東へ、高浜中南交差点右折50m
- 知多半島道路阿久比ICから20分

朝からこんなに満腹でいいのか?
うまかった
しかし
朝ごはんをほとんど食べない私には関係ないんですが…名古屋の朝はモーニングではじまるのだ!
コーヒー
タマゴ
トースト
7:00
ぐー
そして数あるゴージャスモーニングのなかでもずばぬけてスゴイのが「ココ!京丹後雅」なのである!!
リサーチずみ
京丹後 雅
トースト・野菜サラダ・サンドイッチ
☎53-6777とってもおいしいです!!
↗看板にとってもおいしいですと書いてある
むかえてくれたのは奥野恵美さん74歳
←ヒョウがら
なんとこの店をひとりできりもりしているのだ…
来たからには食べてってよ 新メニューのランチもね
あんたら来るのまってたのよ~
ちょっとカオこわくてすみません
フツーの民家なのだが、中のインテリアが超和風というのか、なんというか……
びっくり!!
そして話題のモーニングはというと…
いい
サンドイッチにさらにトーストがついてるのがスゴイ
洋風モーニング
それぞれに茶わんむしとデザートがついてるし…
和風モーニング
これがたったの480円とは!!
絶対にモトとれてませんよね
夢なのよ!夢を食べにきてもらってるの!
もう十分もうけさせてもらったから今はお返ししてるの
みなさんにね
ホホホ

インテリアも独特。トイレも広い
2階にも部屋があってそこの
「ランチの「夢の花重御膳」は1000円これもすごくおいしいのだが
食べさせてもらってるその間中…
これ食べてみてー!甘いでしょ
全部手づくりだからねー!
私のおばあちゃんが京都の料亭で働いてたのよー!
ものすごい勢いでたたみかけてくるのでちょっとびびりました。でも本当においしかったです!!

採点表

満腹度★★★
不思議空間度★★
ママさんキャラ度★★★

※1　モーニングは和風と洋風があり各480円。その他、ランチの「夢の花重御膳」1000円。その他、夜は5000円のコースがランチなら2800円など。どれも食べきれないほどの種類の料理が出てくる。

※2　ママさんの料理は京都の老舗料亭に勤めていた祖母直伝。ご主人が議員をしていたことから、選挙の時に後援会の人らの食事の支度をするなど、料理をふるまう機会がもともと多かったのだとか。

飛騨の富豪が残した一大観光遺産

飛騨大鍾乳洞&大橋コレクション館（岐阜県丹生川村）

自然の神秘漂う鍾乳洞に、巨万の富を築いた資産家がかき集めた古今東西の骨董品の数々。この不思議なマッチングで成立する異色の観光地がここ。

大橋コレクション館は象牙の宝船に始まり、真珠の名古屋城、徳川家の文箱、高さ2mの伊万里焼の壷など、わびさびよりもハデさ重視の（？）見るからに高価そうなわかりやす〜い美術工芸品の数々が広々とした2フロアを埋め尽くす。何とこれらはすべて創設者の故・大橋外吉さん（※1）が個人的に集めたもの！　スタッフをして「すべて本物だったらトンデモない価値」と言わしめるお宝の山なのだ。後半は虎のチンチン、イッカクの牙、縄文時代の石斧とジャンルが千々に乱れていき、出口横には2億円の金塊まで登場する。己の財力を見せつけんばかりの堂々たる素人コレクションっぷり。まっとうな博物館では味わえない、豪気なパワーに満ち満ちている。

昭和40年に大橋さん自身が見つけて掘り起こしたと言う鍾乳洞も見応えたっぷり（※2）。かつては狭くて急すぎるため閉鎖していた第2・3出口までのルートも平成14年開通され、なかなかハードなアドベンチャー気分を楽しめる。そして、出口にはお約束、ナニをかたどった洞祖神が。やっぱり観光地にはチンチンが不可欠なのだ（断言！）。

鍾乳洞の入口には創設者夫妻の銅像が建てられている。大橋さんは晩年、展示品から鍾乳洞まで施設のすべてを村に寄付したのだとか。壷から鎧まで買いまくる旺盛な蒐集欲もすごいが、それをあっさり手放してしまう気前のよさもスゴすぎる。不景気の今こそ、こんなスケールのデカい金銭感覚にあやかるべきではあるまいか（!?）

- 岐阜県大野郡丹生川村日面
- TEL0577・79・2211
- 8時〜17時（11〜3月は9時〜16時）　無休
- 大人1000円　小中学生500円
- JR高山駅から濃飛バスで30分、鍾乳洞口下車
- 東海北陸自動車道飛騨清見ICから1時間

飛騨 大鍾乳洞
大橋コレクション館
入洞時間案内
昭和40年4月
趣味の
鉱石採
取をしていた大橋外吉さ
んが、歩いていたところ…
高さ20〜30メートルの絶壁の
ガケに洞穴を発見したの
が、この飛騨大鍾乳洞のは
じまりだったのだが……
約3年の間ハンマーと
ツルハシで
人が入れるようにした
この大橋さんの鍾乳洞
もスゴイのだが、
穴に入るまでに通らなけ
ればならない、
大橋コレクション館がスゴイ迫力なのだ
とにかく
手当たり
しだいに集
めた感じ
の節操の
なさが、
大橋さんの
財力のすごさ
を物語って
いるのだ!
なんでも買っちゃうのね
また穴ですか
まあまあ
時代と国はバラバラだがお宝がぎっしり
魚の化石とか縄文土器とか…
九谷焼の招き猫
実はトラのチンポなのです
さて此れは何でしょう?
なかには100.5kg、2億円の金塊がさわれるコーナーがあるのだが、みんながさわるのでカドがケズれてたりして
カドが丸くなってる
金塊

採点表
穴度★★★
散財度★★★
支離滅裂度★

ひぇーすげー!
うわー
でかんじんの洞穴はというとこれがまた長い!
洞内に滝があったりとなかなか見ごたえアリ!
ココにしかない
風でこうなる
ヘリクタイトという鍾乳石もある…
ドドド
こんなオチもあったりして笑えます
洞祖神
もちろんラストには

※1　大橋外吉さんは明治43年生まれ。パチンコ台の部品の開発・製造で大成功し、巨万の富を手にした。平成８年、名誉村民に。翌年没。享年87歳。
※2　趣味の鉱山採取中、洞窟を発見。3年がかりで全長800mの鍾乳洞を掘り起こした。昭和43年に観光鍾乳洞としてオープン。昭和63年に大橋コレクション館をオープンした。

エイリアンもまっ青の深海生物たち

駿河湾深海生物館（静岡県戸田村）

「魚って苦手〜。だって気持ち悪いんだもん」などとぬかすバチ当たりには松坂大輔の速球を顔面にブチ込んでやれ！こと魚に関してはこんなゴリゴリのタカ派発言もはばからない僕だが、今回はさすがにちょいと引き気味。深海魚のホルマリン漬けは確かに気色悪いです、ハイ。

名前からして水族館っぽいが、展示品はほぼすべて標本。今にも食いつかんばかりの形相で迫りくる原始ザメ、子泣き爺いの頭をごろごろ積み上げたかのようなホテイウオ、座布団みたいな巨大エイ…。ホルマリンがしっかり漬かった深海魚たちのぶよぶよした姿とどろ〜んと濁りきった目玉がグロさにいっそうの拍車をかける。

『食材になる深海生物』なるコーナーもあるが、ビーカーの中で漂白化した40cm級のシャコやカマスを見せられたって食欲がわくワケない。魚嫌いの人にとっちゃどんなお化け屋敷より恐ろしいかも。だが、ここの標本に比べりゃ魚屋に並ぶアジやサバなんてかわいくてほおずりしたくなるほど。超荒療治で、かえって食べず嫌いを克服できたりして（？）。

駿河湾は最深2500ｍもあり、内湾では世界一の深さを誇る。昔からタカアシガニ漁が盛んで、その底引き網に深海の魚たちもしばしばかかるのだとか。館内の約1000点の標本は、もともと某大学の先生がそれらを引き取って研究資料用に集めていたものが中心。ハク製にするのはお金がかかるため、ホルマリン漬け主体になったそうだ（※1）。

地元には深海魚料理を出す飲食店や宿もたくさんある（※2）。見てから食べるか、食べてから見るか。どっちにしてもちょっと勇気が要りそうだけど…。

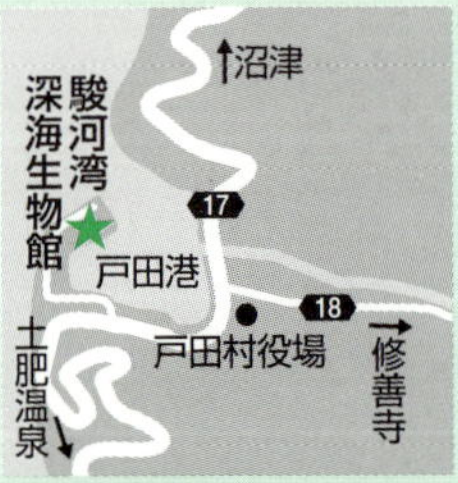

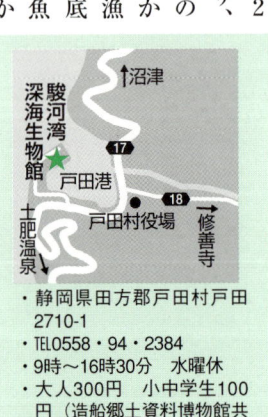

- 静岡県田方郡戸田村戸田2710-1
- TEL0558・94・2384
- 9時〜16時30分　水曜休
- 大人300円　小中学生100円（造船郷土資料博物館共通）
- JR三島駅から修善寺駅まで約30分、東海バスで約1時間、終点戸田から徒歩30分
- 東名高速沼津ICから約1時間

深海生物館 それは深夜の理科室に入った雰囲気というか……
へたった
B級映画の特撮セットに入り込んだ感じというか……
こんなバケモノの
…ような生物のホルマリン漬けがウジャウジャ
どーせなら食いたいな
いらんわ！
こんなの見たことないよ〜
ヒエ〜
戸田沖大崎水深500mでとれたミツクリザメだって…
ヒフはホルマリンでブヨブヨになってる
ホルマリン
他にも怪奇生物のオンパレード ひいいい
ミギウナギ 1.4m
水深300〜200mに生息
ラブカ
水深350m
メンダコ
ナガユメタチモドキ
2.3m
みんなホルマリン漬けでブヨブヨ
こんなのに海中で出会ったら絶対泣くよなあ！ ひえ〜
ぶくぶく

管理しているのはなんと女性
筒井さん
もうなれましたから…食べられるものはおいしいですよー。昔はよく漁師さんにもらって食べましたよ
このホテイウオも食用らしいのですが……
オエー
じっと、いってもタカアシガニとかならまだ食べられるけど
←全長25cm

採点表

グロテスク度★★
ホルマリン度★★★
地味度★★

※1　オープンしたのは昭和57年。体長約３mのサケガシラなどハク製もいくつかあるが、大物だと制作費が1体あたり100万円前後もかかるという。

※2　深海寿司からはんぺん、コロッケ、ラーメンまである。

血中トラ濃度は愛知県随一！

めん処　みの勝（愛知県瀬戸市）

祝！阪神タイガース優勝!!　お祭しの通り、記事を書いてるのは胴上げのはるか前だが、今シーズンに限ってはたとえ天地がひっくり返ろうが阪神がコケることはありえないので、堂々とトバし記事を書かせてもらいますっ！

我らがドラゴンズのお膝元でありながら、逆経済効果しかなさそうなトラキチ全開の営業姿勢を貫いているのが瀬戸のうどん屋さん、みの勝。店先にはV祈願の横断幕が掲げられ、虎マークが目印の玄関を開けると、バースや掛布ら85年V戦士の似顔絵が目に飛び込んでくる。さらに星野だ矢野だ赤星だと現メンバーの名前があちこちに。もろもろの阪神グッズもお供え物のように積み上げられ、店内はさながらタイガースミュージアムだ（※1）。

満面の笑顔で出迎えてくれるのは縦縞のユニフォーム姿の店主・沢村勝郎さん（64歳）。「岐阜出身だけど小学生の頃から阪神ひと筋。小さい頃はよくイジめられたけどね。弱い時も一生懸命応援してきたことが今年ついに花開いたって感じだねぇ」。数年前の低迷期には「阪神の成績は売上と関係なし。だっていつも弱いから影響してたら商売にならんでしょ」とおっしゃってたが、今年のモーレツな強さはさすがに売上アップに貢献大とのこと。でも、勢いあまって出前用の車（タイガース仕様のドレスアップ費用30万円！）や大型液晶テレビを購入したり、優勝決定日には200人のファンを集めて店内ビールかけまでやっちゃったりと度重なる大盤振る舞いで収支はむしろマイナス（?）。こりゃ、18年に1回くらいじゃなきゃ身がもたない。というワケで来季はドラゴンズがペナントいただきますんでヨロシク、メカドッグ!!

- 愛知県瀬戸市共栄通5-19
- TEL0561・82・3908
- 11時～14時、17時～20時　水曜・第3火曜休
- 名鉄瀬戸線水野駅から徒歩3分
- 瀬戸街道を西へ。名古屋市中心部から約45分

野球にはなんの興味もないワシだが、阪神優勝となるとなぜかちょっと
うれしい!
うふ
だってよろこび方がハデでしょ! 見てる方もなんかおもしろいもんなぁ
ワー
ドブーン
そんなハデハデの阪神ファンの店があるときき、瀬戸へ向かった
中日ファンの大竹氏はゲせない様子
まあ来年はドラゴンズなんだけどな
しゃないなー
阪神 タイガース
ジャ〜〜〜ン!
入り口からして阪神ファンまる出し!
EXPO 2005 AICHI 成功させよう
優 V 勝
HANSHIN
Tigers
うどん
もちろん大将の沢村さんもユニフォーム姿
ありがとなー
ありがとなー
↑すでに喜びをかくしきれないようす
優 V
あと 22
実は中日ファン
チクショー
祝!・阪神V
ぜんぜんキョーミなし
ワー
おやじ
Tigers
18年間コレを待ち続けてきたんだから、そりゃすごいビールかけだったろーな
今年こそ優勝
もっと昔の選手たちの絵もかべいっぱいにかかれている
バースらしい
かべには85年のV戦士、カケフ、岡田、真弓の姿が
だれ?
Tigers
店内はもちろんトラだらけ

MVP? 今岡か矢野か…うーんやっぱり矢野でしょうねー
えー井川じゃないんですかー
井川はこの先いつでもとれるからのー
チンプンカンプン
はー
ありがとなー
ありがとなー
←口ぐせ
HANSHIN Tigers
み乃勝
駐車場もすべてタイガース一色!!
すごいのは出前の車までタイガース模様
しかも2台!

採点表

トラキチ度★★★
オヤジにこにこ度★★★
うどん美味しい度★★（※2）

※1　オープンは昭和41年。創業当時から店先に阪神の選手の色紙などを飾っていたが、昭和60年の優勝で店内の阪神狂度は一気にエスカレート。翌年には店内にＶ祈願神社も設立したとか。

※2　以前、関西の有名な阪神ファンご用達居酒屋に潜入取材したことがあるが、高いわマズいわでげんなり。それに比べてうどん屋さんとしてちゃんとファンをつかんでるみの勝はリッパ。味に自信がなきゃ、敵地（？）で40年近くもやってこられないよね。

ドーシテ？一般人の石像500体

石仏の森&石像の里（富山県大沢野町）

自分の彫像を建てる、というのは功成り名を遂げた人にとっちゃ人生最高の栄誉の証し。やっぱ人間、いつかは彫像作れるくらいの大物を目指さなくちゃね。「オレなんかじゃとても…」とあきらめてるそこのアナタ！　何ら世のため人のためになってない小物のアナタにもひとつだけチャンスがあります。方法は簡単。石仏の森の社長さんとお友達になることです!!

富山きっての事業家・古河睦雄社長（72歳）（※1）が石仏の森を完成させたのは平成6年。中国の彫刻師に石の羅漢（＝仏）像500体を作らせ、郊外の山の斜面にズラリと鎮座させた。ところが、他所にも五百羅漢があると聞きつけ、だったら八百なら世界一だろッと300体を追加発注。…って負けず嫌いにもほどがある！だが、もともと500体分の敷地しかなかったため、5分ほど離れた場所にさらにもう一山購入。ここを石像の里として残りの三百羅漢を安置した。

ところが、今度はスペースが余って少々さびしい。というワケで自分の友人知人の像を作って並べることに。数はおよそ500体だが、毎年増え続けるため、正確な数は誰も把握できてないご様子。これで注ぎ込んだ事業費は6億円。もう、やることなすことスケールでかすぎ！（※2）

山中見渡す限り石像だらけ、というシュールな光景はおそらく世界に二つとない。しかも、石像のおよそ半分は偉人でも何でもないタダの素人なのだから、一体どんな鑑賞態度を取るのが適当なのやら…？　オレも作ってもらいて～。やっぱこれが一番自然な感想なのでは。えっ、死んでもイヤ？　ま、それも至極まっとうな反応ですが。

- 富山県上新川郡大沢野町牛ヶ増家高割
- TEL076・467・5588
- 見学自由（無料休憩所は9時30分～17時、火曜休、11月下旬～3月末まで休館）
- 大人800円　小人500円
- JR富山駅から笹津行きバスで30分、終点下車徒歩30分／北陸自動車道富山ICから20分

とにかく！
まあ実際に見に行きますかっ！
古河社長
というわけで社長の経営するレストランでお話をうかがったあと、私たちは、車で40分ほどの山中へ……
は、はあ～
言われるまま
で、いきなりあらわれたのがこの光景……500体の羅漢（さらに奥にもう300体がある）
仏さん
国道41号を名古屋方面から走ってくると、突然ダムの湖の対岸にあらわれるので取材中にも
ちょっと、コレは一体何なんですか！
どーいう意味があるの？
とおばさんにたずねられた…
社長はしらんぷり
まあ石仏なら説明もつくが、友人知人の石像500体となると
はじめは250体だったんだけど
ちょっと説明不可能
エヘヘ
ふえちゃってさー
う～ん
う～ん
自分の石像ってほしい？
と言う社長とその石像
わしの写真はいーわ
フロあがりの社長の像もあった
ピースがなんとも…
まだ新しい石像は色が白い。すべて中国でつくられているが、かなりてきとうな写真をわたしているらしく、ポーズは
実にさまざま!!!
名前も中国の人が彫っているのでまちがいが多い
ウオノミって何？
ウオノミ
ブキミなミホちゃん
山の上までびっしり石像がならんでいるのはスゴイ

ダンディなメガネの紳士とか
こぼれる笑顔の清子さんとか
シヅコはなんか食べてるし…
山下さんもなんか食ってる…
「にてませんよー」といいはる広報の神田さん
もう打ち止めといいながら最後には、「あんたらのも作ってやろうか」とひとこと…

採点表

人形度★★★
社長お金持ち度★★★
夜見たら気持ち悪い度★★★

※1　古河睦雄社長は富山市内に病院、老人介護施設からレストランまで、手広く事業を展開。グループが土地を管理する「越州村」は直営レストランの他、スポーツ施設やパチンコ店、ファーストフード店などが国道沿いに居並ぶ一大集客ゾーン。いやはやスケールがでかい。

※2　「自己満足で作った」と堂々言い放ち、見学料を取るでもなく完全オープンにしちゃうところが古河社長の太っ腹なところ。ヘタに金を徴収しようとすると、維持費もかかって赤字が累積しちゃうんだよね。

「戦国時代村」は昔の名前です

江戸ワンダーランドＩＳＥ　伊勢・安土桃山文化村（三重県二見町）

いつの間にやら名前が変わっていた「江戸ワンダーランドＩＳＥ伊勢・安土桃山文化村」（長っ！）。スタッフからいただいた名刺や封筒にはしっかり「伊勢戦国時代村」と書いてあったが、もうこの名前じゃありません（※1）。

人口密度を含めて（？）江戸時代の空間を再現している江戸ワンダーランド。あまり知られていないが、経営母体はスクールバスの運転手派遣などが本業。お芝居好きの社長さんの趣味が高じて、日光、登別、加賀、そして伊勢と全国4カ所に歴史エンターテイメント施設を次々と開設（※2）。中でも伊勢は最もお金がかかっていて面白いとマニアの間でも評価が高い。何せ山頂にそびえ立つ安土城だけでも100億円！　総事業費300億円を注ぎ込んだバブルの残り香も芳しいビッグプロジェクトの賜物なのだ。

出自がバブリーな割に、緊張感のないだら～んとした空気に包まれているのが江戸時代ならではののどかさか。金キラキンの安土城もゴージャスを通り越したキッチュさで不思議と憎めないし、射的やお化け屋敷など縁日の露店や見世物小屋みたいな子どもだましめいたアトラクションのゆるさも、なぜかこれはこれで許せてしまう。脱力系キャラクター・ニャンまげがくり広げる屋外ショーも、周囲の閑散ぶりがゆるさに拍車をかけ、温かい目で見守ってやらざるを得なくなる（※3）。

完璧な演出と怒濤のアトラクション、そして行列に人ごみと終始ハイ状態を強いられるテーマパークは、面白いけれどちょっと疲れる。そんなあなたもここならマイペースで過ごせるはず。過度の期待や興奮はおいといて、平常心で行ってちょんまげ。

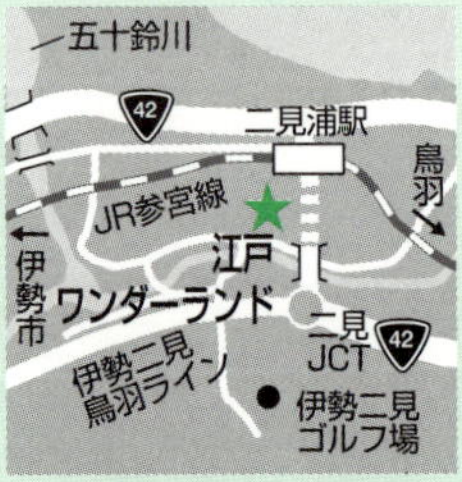

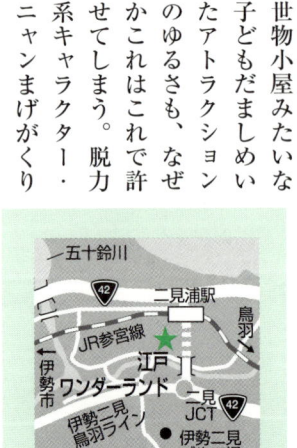

- 三重県度会郡二見町大字三津1201-1
- TEL0596・43・2300
- 9時30分～16時（3月20日～11月30日は9時～17時）無休
- 大人4900円　小人2500円
- JR二見浦駅から徒歩15分／伊勢二見鳥羽ライン二見ヶ浦料金所から1分

世間じゃわ〜トムさんラストサムライブームなんてのもあって時代劇がやたら人気のようだが…、そんな
江戸好きにはたまらん場所がココ、
なのである!!
江戸ワンダーランド
ISE 伊勢・安土桃山文化村（長っ!）
て
なんせこんな町娘が
キャッキャッ
とさわいでいたり、
※もちろん写真どんどんとりまくり
しゃなりしゃなりと舞子さんが歩いてたりと、
時代はトリップ!
みんなすごくサービス精神旺盛
明るく話しかけてきたりする
こんちはー
ども
ニャンまげもいるよ、
時代は江戸よ!
イエイ
屋内や野外での時代劇ショーも人気。なかでもメインステージでのたちまわりは見てて
なかなかの迫力。なにがおこるかわからない
ハデなアクションも見所だ
なかには忍者からくり迷路
こういうところには欠かせないお化け屋敷も充実
ひぃぃいー
苦労しました〜
なんてのもあってかなり
こりゃなんじゃー
出れんがや
と中で
キレた
くそー

さらにココがスゴイのは本当の城がドカンとあるところ
園内のバスで移動すると……
ナント
立派な城に到着、
中は戦国時代を再現した映像が上映されている
しか〜し一番上には黄金の部屋が!
ウオオオ、
キラーーーン
見晴らしもバツグン

採点表

名前長い度★★★
迷路難しい度★★★
にゃんまげLOVE♥度★★★

※1　平成15年4月に名称変更。でも、伊勢・安土桃山文化村ってあんまり浸透してないよね。戦国時代村の方がピンと来ると思うんだけど。
※2　加賀は前田利家、登別は伊達政宗と郷土の英傑がテーマに取り入れられているが、安土桃山城や信長ははっきり言って伊勢とはゆかりなし。
※3　パンまげ、サルまげ、ワンまげの仲間がいる。サルまげは頭からひよこが生えてくる意味不明の技もあり。それにしてもニャンまげの簡素なデザインは秀逸。子どもでも描けるし親しみやすい。キャラクターグッズはどれもかわいくてついほしくなる。僕もスタンプ買っちゃいました。

決死の発光ショーを見逃すな！

ほたるいかミュージアム（富山県滑川市）

海の幸には事欠かない日本海。中でも通好みの渋い珍味がほたるいか。富山県滑川市はその全国一の水揚げ地で、「おらが町のシンボル」を皆様方にもっとアピールしなきゃいかん、と平成10年に総工費20億円という巨費を投じて造られたのがこのほたるいかミュージアムだ（※1）。

地元の特産品をテーマにした施設は福井県の越前がにミュージアムや岡山県のカブトガニ博物館などあちこちにあり（※2）、その共通点は外観のモチーフがテーマの生物ということ。ひねりのないシンプルな発想が清々しいが、近くで見てもカニとかイカをかたどっていることがほとんどわからないというのも、これまた共通する特徴だ。

図面で見るとイカ型だとわかるこのミュージアムの目玉は、生きたほたるいかによる発光ショー。スタッフ自ら漁船で荒海へ出て数百匹ものほたるいかをゲットし、それを水槽に移して発光の様子を公開する。漁に出て初めて展示が成立する。漁師町だからこそのたくましき自給体制だ。ほたるいかは発光すると体力を著しく消耗するため、ショーに出演させると1日で死んでしまうとか。そのため、漁も毎日行わなくてはならないという。

発光ショー開催は漁期の3月20日～5月31日のみ。本物のほたるいかが見られない時期のメインとなるのはイカのCGミュージカルや地元出身の室井滋出演の映像シアターなどで、主役不在のパンチ力不足を薄味なハイテクでけなげに補おうとする姿が涙ぐましい。

あえてほたるいか不在の時期に行き哀感を噛みしめるというのも通な味わい方ではあるが、ノーマルに楽しむならオンシーズンの春がオススメだ。

- 富山県滑川市中河原410
- TEL076・476・9300
- 9時～17時　火曜休（発光ショー開催期は無休）
- 大人600円（発光ショー開催期は800円）
- 滑川駅から徒歩8分／北陸自動車道滑川ICから約10分

今回はホタルイカだぞ
食お～!!

今回はちょっと遠出して富山県へ
能登半島
石川県
富山湾
富山県
ちなみに電車で行ったのだが、私は前日飲みすぎて完全に道中ダウンしていました…トホホ
ガクン
ぐー
ねたきり→
ほたるいかとは毎年3月～6月ごろ産卵のため富山湾にやってくる発光するイカのこと
そのミュージアムってんだから、これまたマニアックなものかと思いきや、設
はすごく新しくてきれい!!
取材はちょっと早かった
残念ながら今はシーズンオフなので生きた実物は見られませんが…
CGミュージカルなどあるので見ていってください!
スタッフの小林さん
二日よい
オエー
ホー
ほーう そりゃすごそう…

館内はモダンなデザインで、ところどころにブースがあって、ほたるいかや富山湾について学べるようになっている
3D映像で海の生き物がおどってうたう……
もちろんほたるいかの一生をくわしく紹介するブースなどもある
まるで宇宙船の中みたいだ
子どもたちはよろこぶだろうなー

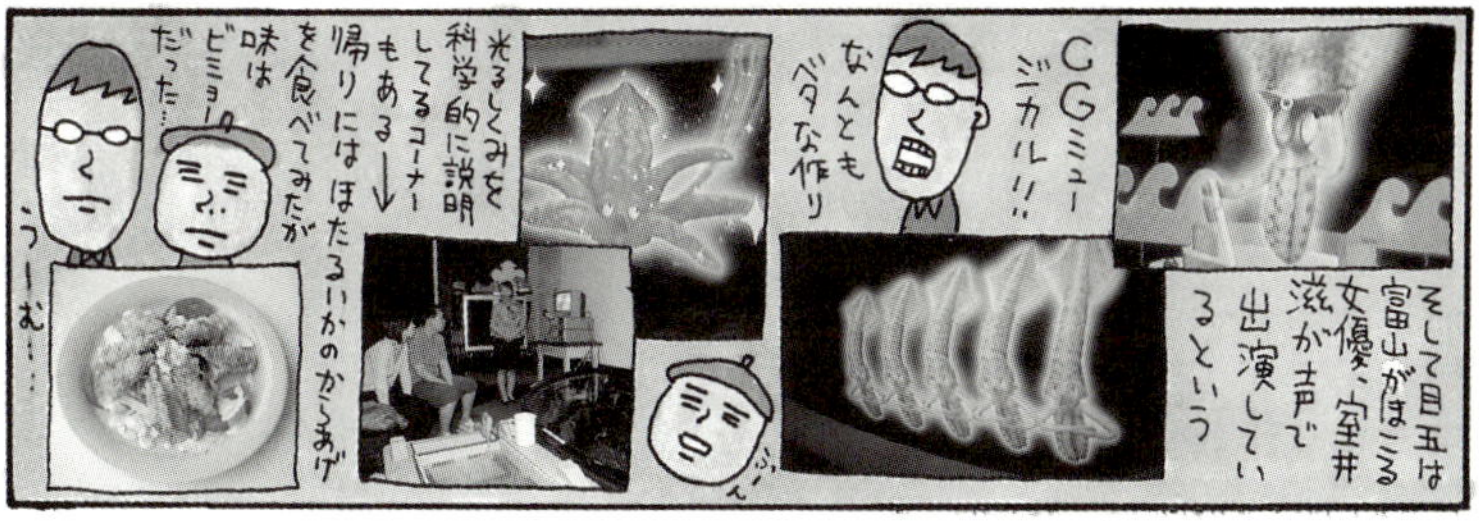

そして目玉は富山がほこる女優、室井滋が声で出演しているという
CGミュージカル!!
なんともベタな作り
ふーん
光るしくみを科学的に説明してるコーナーもある→
帰りにはほたるいかのからあげを食べてみたが味はビミョーだった…
うーむ…

採点表

小ぎれい度★★★
ハイテク度★★
オフ期のフェイク度★★

※1　ほたるいかは富山県以外に鳥取や兵庫などでも獲れるが国内最高のブランドが滑川産。この地方では別名“こいか”と呼ばれ、これは“小さいいか”という意味の他に“肥やし用のいか”という意味もあるとか。昭和50年代には獲れすぎて食べ切れず、肥料用に回していたんだとか。

※2　越前がにミュージアムは平成12年開館。元カニ漁船船長である町長さんの肝いりで造られた。総工費はほたるいかミュージアムと同じ約20億円（！）。笠岡市立カブトガニ博物館は平成2年開館。ほたるいかミュージアムや越前がにミュージアムとの相違点は、テーマである生物の料理が食べられないこと。

バカルトスポットは失われゆく民俗文化の離れ小島である！

【あとがき対談】……大竹敏之（ライター）×温泉太郎（イラスト）……

テーマ"自分"の「わしパーク」

大竹（以下「竹」）　連載スタートから苦節5年、とうとう単行本になっちゃったねぇ。

温泉（以下「温」）　50本まとまると濃いよね。施設自体もそうだけど、何より人が濃い。

竹　オーナーが一人で作っちゃったところがほとんどだから。わき上がる創作意欲を抑え切れなくなってとか、あり余る財力を見せびらかしたくてとか、龍神様のお告げだったりとか出発点は様々だけど。

温　強烈な人多いもんね。僕、最も忘れられないのは「貝殻公園」のおじいちゃん。縄文人のじいちゃんよりもある意味スゴかった。アポ入れて行ったのにいきなり怒鳴るし。来る人を拒みながら、でも見せたい、微妙なところでやってる。その屈折ぶりが何か心の琴線に響く。

竹　あそこは珍しく二代目がちゃんと父親の偉業を守ってるケースだけど、どこか屈折した感じで受け継いでるのがまた独特の味になってる。他の施設もそうだけど、時間軸が違うんだよね。おじさんの脳みその中も施設内も違った時間が流れてる。作った人に会わないとタダのガラクタにしか見えないようなところも多いんだけど、会って話をするとこういうところがあるのもしょうがないか、ってなぜか納得させられちゃう。

温　その人の脳内世界がそのまま表現されてるか

ら、こうなったのはむしろ必然と思うしかない。

竹　だって、テーマは〝自分〟だから。「わしパーク」（笑）。バカルトスポットの魅力って、そういう代替のきかなさなんだ。この面白さとか変さ加減はもうここだけにしかないっていう。

温　自主制作のカルト映画みたいな。

竹　個人のパワーのすごさを思い知らされる。一人でこんなことできるんだ、って。

温　毎回、びっくりするもん。今、お金かけて人件費かければ何でもできるでしょ。でも、人一人の人生をかけるとこんなトンデモないものができちゃう。特に昭和の高度経済成長期あたりにできたものはスゴイよね。

竹　伊勢の「元祖国際秘宝館」はその最たるもの。創業者はもう亡くなっちゃったけど、戦争体験してる人のパワーには太刀打ちできない。

温　平成以降の施設も変で面白いところがいっぱいあってここでも取り上げてるけど、やっぱり小ぎれいだし、税金を変なふうに使っちゃったっていう感じで、じいちゃん一人で作り上げたところとは趣が違う。強く印象に残るのは、じいちゃんの執念とか脳内ドーパミンが注ぎ込まれてる施設だよね。

「脳内世界がそのまま表現されている」……温

2年前からず〜っと「春に完成」

温　この本で取り上げた施設を、『るるぶ』とか普通の旅行ガイドでも紹介してたりするでしょ。「関ケ原ウォーランド」とか、普通のところみたいにさらっと紹介してたり。全然普通じゃないのにねぇ。あれ見て行った人は、どう思うのかなって心配になっちゃう。

竹　自分たちで紹介しといて言うのも何なんだけど…。まあ、僕らの場合はそもそも「行ってください」と積極的に薦めるつもりで紹介してるワケでもないからね。今回の書き下ろしのために行った「大内山脇動物園」にしても、普通の動物園のつもりでお父さんお母さんが子どもを連れてったら、かなりショックだろうしなぁ。

温　僕らにとってはそこが面白いんだけど。これを読んでそれでも行きたいなら行ってください、という感じ。

竹　ある意味、予防薬として活用してもらえれば。そう言えば、こないだ2年ぶりに「蜂博物館」に行ったのよ。僕らが取材した時に「春には正式オープンする予定」とか言ってたのに相変わらずただの倉庫だった。でもやっぱり「今、きれいに整理してるとこなんだ」って言ってるの。

温　ちゃんとしたいという欲求はあるけど、頭と手がなかなか動いてくれない。

竹　でも、去年だったか「喫茶五重塔」に行ったら、石の作品がきれいに塗り直してあってさ。あれはうれしかったなぁ。「じいちゃん、まだ生きてるかな?」くらいの気持ちで行ったんだけど。作った時点で力尽きて、あとは野ざらしのまま朽ちていくのを待つだけっていうところが多い中、今でもちゃんとメンテしようという作品への愛があるのが感動的だった。

温　あそこは愛情いっぱいだよね。一番好きなところのひとつ。おじいちゃんもおばあちゃんもすごくいい人だったもんね。大垣の「夢の国」のおじいちゃんもず〜っとにこにこしてたよね。ほとんど仏様になってる。

竹 ……………………………………「個人のパワーの強さに圧倒される」

竹　ただ、今だから行く先々の主はみんな枯れかけてるけど、昔はみんな相当に濃くて頑固な人たちだったんだろうね。

温　でなきゃあんなの作れない。

竹　それぞれの施設を作った血気盛んな頃に会ってたらどうしようもなかったかも。

温　完全に負けてパワー吸い取られちゃう。今ならようやく中和できるくらい。

竹　一歩距離を置いて見るから面白いけど、身内だったらかなり困る。だって、ガラクタで作った塔が庭中に生えてたらヤダよね、普通。

温　家族が優しいよね。すごく寛大。

竹　野放しと言った方がいいかもしれないけど。

取材のアポ取りにドキドキ

竹　今回、単行本として再掲載するにあたって、ひと通り取材先に電話を入れたんだけど、結構ドキドキしたんだよね。

温　「変なマンガ描きやがって!」とか思われてんじゃないかって。

竹　うん。特に不安だったのが「飛騨開運乃森」。

温　掲載誌送った後に支配人さんからお手紙もらったよね。「刺激的な記事を書いていただきまして」とか、短い便りの中に3回くらい「刺激的」って書いてある。喜んでるのか皮肉なのかよく分からない。

竹　そう。でも、電話したら支配人さんが出て「あ〜、お久しぶりです〜」って。

温　じゃあ、ホントに喜んでくれてたんだ。伊豆の「極楽苑」に取材後立ち寄った時も歓迎されたよね。入口に僕らの書いた記事も貼ってあったし。

竹　唯一再掲載を拒否されたのが名古屋市の「歯の博物館」。電話口で明らかに狼狽してるの。で、「医師会の方からクレームがつきまして」という理由で結局断られちゃった。あそこ、結構好きなんだけどね。オレが関係ない下ネタ書いたのがいたくお気に召さなかったらしい。

温　雑誌で取り上げたのって2年くらい前だよね。2年間ず〜っと怒ってたのかも。マジメそうなとこは取材に行く時もちょっと気を使うよね。掲載誌見せながら、「バカルト」ってタイトルのとこ親指で隠したりして。

竹　お前がタイトル付けたんじゃないか。アポ取るのオレなんだからさ。バカでカルトな施設を、なんて言えないから、対外的には「〝バカ〟は『空手バカ一代』と同じ〝とことんスゴイ〟みたいなニュアンスで、だからバカルトっていうのは、〝すっごく個性的〟という意味なんです」とかいう答えを用意してる。実際そういう意味もある…つもりなんだけど。

「今はほとんどみんな仏様になってる…」……………………………………温

営業貢献度を期待されていない離れ小島的連載

温　『東海じゃらん』の中でも離れ小島みたいな存在だもんね。唯一創刊号から続いてる連載なのに。

竹　『じゃらん』ってどの記事でどれくらい宿予約につながったかとか、ちゃんとデータ取ってるんだけど、唯一リターンを求められてない記事がバカルト。効果があるかないかって言ったら、むしろ足を引っ張ってる。「秘宝館」とか下ネタ系を取り上げた時は対向の広告ページのクライアントからクレームが入ったんだって。無理もないんだけど。だから、年度が変わる度に営業サイドから「ここはどうすんだ、まだ続けるのか?」って突き上げが来る。

温　その度に歴代の編集長やデスクの人に守ってもらってる。「いや、これはもうこういうものだから」って。ありがたいよね。

竹　もともと僕らの持ち込み企画だから、最初は一番後ろの方のページにこそっと載ってて、3回目くらいからなぜか巻頭の方に持ってこられちゃって。

温　でも、最近『じゃらん』がリニューアルして特集とかのデザインがすごくおしゃれになったから、また後ろの方へ戻された。でも、やっぱりそれくらいの方が居心地がいい。

ディ○ニーランドじゃ味わえない 大人のテイスト

竹　バカルトスポットを楽しむ時に一番大事なのは寛容さだよね。自分の中に期待値の高いハードルを設定して行くと、バーを飛び越えるどころかリンボーダンスしないといけない。

温　今、世の中にあるモノってみんなきちんとしちゃってるじゃない。ダメなモノはどんどん消えていく運命で。でも、僕みたいなダメ人間はダメなところに味わいとか愛おしさとか感じちゃうのね。きちんとしたモノばっかりだと、入る前からもうお腹一杯になっちゃう。

竹　ディズ○ーランドとか無理してでもテンション上げないと入れないじゃん。あれも実は相当変なカルトパークだと思うんだけどさ。大体、遊園地とかって基本的に子どもだましでガキ遊ばせとくとこなのに、何でいい大人がガキと同じテンションで「楽し～」とか本気で言ってるのか全然わからない。絶対無理してるだろ、あれ。

温　その点、バカルトは枯れた味わいがある。一種のテーマパークなのに風の音と草のにおいしかしなくて、ここはどこなんだ?みたいな。

竹　行く方の立場からしても、ジジイになると盆栽が楽しくなるみたいに、テンション無理に上げ

竹……………………………………「大事なのは“寛容”の精神でしょ」

下げしなくても楽しめるものの方がよくなるのが自然だよね。味覚にしても珍味系のうまさがわかるようになるだろ。いい年して「好物はケーキとオムライス」とか言うヤツなんて信用できないじゃん。「たまには昆虫食ってみてもいいかな」とか思うでしょ、大人なら。

温　口に入れてみて、吐き出しちゃってもいいですよ、みたいな。それを無理して飲み込めば飲み込むでまた味がある。

竹　腐りかけが一番おいしい、みたいな。もうとっくに賞味期限は切れてるのかもしれないけど。

温　賞味期限があったのかも怪しいけど。

失われゆく運命なのか…なくなってからじゃ遅いんだ！

竹　連載始めた頃から「いつか1冊にまとめたい」という野望はあったんだけど、そこで一番心配だったのは、取材先のじいちゃんがみんなどんどん死んじゃうんじゃないかな?だった。

温　『じゃらん』の掲載2カ月後に亡くなっちゃ

「ダメなものだから愛おしいのに…」……………………………………………温

った人いたもんね。ヨコタ博物館の館長さん。取材で会った時には鼻に酸素吸入のチューブ入れてて、かなりヤバかったんだけど。

竹　他のじいちゃんたちは大体みんなお元気そうでホッとした。でも、10年後に残ってるところってひょっとすると半分くらいしかないのかもしれない。だから、単行本にするのもギリギリのチャンスだったのかも。

温　（イキナリ真面目に）そういう意味では、この本ってすごく貴重な民俗文化の記録でもあるよね。

竹　（神妙な顔で）そうなんだよ。でも、だからって、ここで取り上げた施設を第三者がお金かけて後世に残していくっていうのともちょっと違うし。

温　失われていく運命だからこそ味わいも深い。熟しきって朽ちる寸前の今がちょうど堪能し頃。

竹　なくなってから「行っとけばよかった」じゃ、遅いんだよ！　今すぐ行かなきゃ！

本作品は、月刊誌『東海じゃらん』（リクルート刊）１９９９年７月号～２００４年３月号に連載されたものです。単行本にまとめるにあたり、データなどは最新のものにあらためましたが、文中に出てくる内容・記述は原則的に取材と当時のままとしてあります。

大竹　敏之（おおたけ　としゆき）
名古屋在住の雑誌ライター。97年に初著作『名古屋真相追Q局』を出版するも版元が2年後に倒産。「無名のライターが処女作でコケたら2作目はない」との定説を覆す今作で7年ぶりのリベンジを目論む（？）。ドラゴンズファン。でも好きな球場はヤフーＢＢスタジアム。一番見たい選手はホークスの新垣渚。

温泉　太郎（おんせん　たろう）
1966年1月5日生まれ、三重県伊勢市出身。実家は「山本小鳥店」というペットショップ。動物とともに成長し、名城大学法学部卒業後、出版社に入社。雑誌の編集を担当。が、8年後「やんなっちゃって」退社。フリーで独立し編集、ライター、イラストを手がける。一時は万事順調かと思われたが、また「やんなっちゃって」現在仕事は減る一方。かろうじて『中部版ぴあ』に映画紹介のコラム「妄想先生のグッときた瞬間」連載中。誰か本にして！

連載担当編集●馬弓良輔、堀内茂人、佐瀬進彦
河井和美（『東海じゃらん』編集部）
合屋順久、塚本泰希（シンラクリエイション）

Special Thanks●福田知鶴

装　幀●深井　猛

東海発　バカルト紀行

2004年5月31日　第1刷発行　（定価はカバーに表示してあります）

著　者　大竹　敏之
　　　　温泉　太郎

発行者　稲垣喜代志

発行所　名古屋市中区上前津2-9-14　久野ビル
振替00880-5-5616　電話052-331-0008
http://www.fubaisha.com
風媒社

乱丁・落丁本はお取り替えいたします。　＊印刷・製本／大阪書籍
ISBN4-8331-0109-2

風媒社の本

近藤紀巳

東海の名水・わき水
さわやか紀行

1500円＋税

山にわき出る清水に出会い、大自然の恵みを味わう…。名水と誉れ高い泉を訪ね、清らかさに心打たれる…。土地の人々に愛され使われ続けている東海地方の清水・わき水・名水を歩き、土地の味覚と美しき風景を紹介するゆとりの旅のガイドブック。オールカラー版。

近藤紀巳

東海の名水・わき水
やすらぎ紀行

1500円＋税

いざ、清冽な感動に出会う旅へ——。山にわき出る清水に出会い、大自然の恵みを味わう…。絶大な好評を博した「名水・わき水ガイド」の続編刊行！　愛知・岐阜・三重・長野エリアの清らかにして、心洗われる名水・湧水を厳選。旅情を味わい感動を訪ねる、ゆとりの旅のガイドブック。オールカラー版。

近藤紀巳

東海の100滝紀行【I】

1500円＋税

東海地方の知られざる滝、名瀑を訪ねる感動のガイドブック。愛知・岐阜・飛騨・三重・長野・福井エリアから選び出された清冽な風景を主役に、周辺のお楽しみ情報をたっぷり収録し、ゆったりと小さな旅へと読者を誘う。大好評のオールカラーガイド。

横山良哲

新・きらめき鉱物
化石ガイド
●愛知県版

1700円＋税

砂金・オパール・水晶・めのう……。地球の記憶がぎっしり詰まった小石や化石たち。少年時代にその美しさに魅せられた著者が，東三河地方を中心に観察ポイントを案内する人気ガイドブック。刺激に満ちた大地の物語を知るための入門書としても好適。図版多数。

自然学総合研究所／
地域自然科学研究所編

東海　花の湿原紀行

1505円＋税

愛知・岐阜・三重エリアの湿原を探訪、四季に咲く花々とそこに生息する貴重な生き物をていねいに紹介する。湿原の爽やかな魅力と豊穣な自然の貴重さをオールカラーで紹介する、東海エリアで初めてのガイドブック。

SKIP

［東海版］
ものづくり・手づくり
体験ガイド

1500円＋税

高いお金を払う一時のレジャーよりも、小さくても自分のオリジナルの作品を作ってみたい——。陶芸体験、ガラス細工から豆腐作り、草木染など、さまざまな手づくり体験ができる施設を、失敗談、裏ワザなども紹介しながらわくわくレポート。見るだけでも楽しい初めてのガイド。
